AF226734

LA
CHALDÉE CHRÉTIENNE.

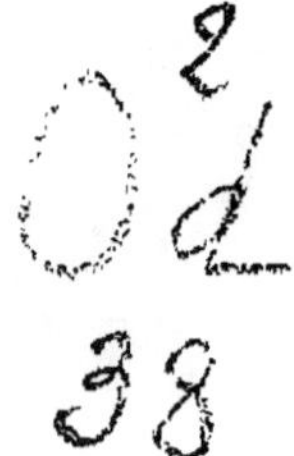

LA
CHALDÉE CHRÉTIENNE

ÉTUDE

SUR L'HISTOIRE RELIGIEUSE ET POLITIQUE

DES CHALDÉENS-UNIS ET DES NESTORIENS

PAR

ADOLPHE D'AVRIL.

PARIS

BENJAMIN DUPRAT, | CHALLAMEL,
LIBRAIRE DE L'INSTITUT, | LIBRAIRE - COMMISSIONNAIRE,
rue Fontanes (cloître Saint-Benoît), 7. | rue des Boulangers, 30.

1864
1863

LA
CHALDÉE CHRÉTIENNE.

> Et Verbum caro factum est.
> (SAINT JEAN.)

> Il était Dieu et Il a été fait homme.
> (BOSSUET.)

I

ORIGINE DU NESTORIANISME.

Un prêtre, nommé Anastase, proféra un jour ces paroles devant les fidèles assemblés dans une église de Constantinople : « Que personne n'appelle Marie *mère de Dieu* (Θεο- « τόκος), car Marie appartient à l'humanité, et Dieu ne peut « naître de l'humanité. On doit appeler Marie mère du « Christ (Χριστοτόκος). »

Cette théorie, qui avait déjà apparu sous d'autres formes, repose essentiellement sur la dualité des personnes dans le Christ : elle divise en quelque sorte le Christ en fils de Dieu et en fils de l'homme, l'un engendré de Dieu de toute éternité et non engendré par Marie, l'autre né de Marie dans le temps. Le Christ aurait, en quelque sorte, conquis la divinité par ses œuvres. Il serait le Fils de Dieu non par la nature, mais par l'adoption. Il en résulte que ce ne serait pas le fils de Dieu qui a souffert et qui est mort pour nous ; on nie la véritable union physique consubstantielle du Verbe divin avec l'humanité dans l'unité de personne : on n'admet qu'une sorte d'union morale et accidentelle entre la personne du Verbe et la personne de cet homme qu'on appelait Christ. Le Christ ne serait plus, à proprement parler, que le temple où habitait le Verbe, ou, si l'on veut, l'instrument et l'organe du Verbe : le Verbe n'aurait pas été fait chair.

Le trône patriarcal de Constantinople était alors occupé, depuis 428, par un homme éloquent et instruit, de mœurs pures, et dont l'extérieur annonçait des habitudes austères. C'était un moine de Syrie, nommé Nestorius. Non-seulement ce patriarche ne condamna pas Anastase, qui était de ses amis et de ses conseillers, mais il confirma sa proposition et osa l'enseigner publiquement dans l'Église. Saint Cyrille, patriarche d'Alexandrie, s'opposa résolûment à ces erreurs qui renversent les bases mêmes de la religion chrétienne. Il écrivit d'abord à Nestorius pour l'engager à revenir à des sentiments plus sains, mais ce fut inutilement.

Saint Cyrille adressa alors au Souverain-Pontife, Célestin Ier, d'autres lettres dans lesquelles il déférait Nestorius et ses doctrines au tribunal de Sa Sainteté. Dans un premier synode, tenu à Rome en 430, le Souverain-Pontife condamna la doctrine de Nestorius et lança une sentence d'excommunication et de déposition contre ce patriarche, s'il ne reconnaissait et n'abjurait ses erreurs dans les dix jours après la notification du décret pontifical. Saint Cyrille, à qui Célestin avait délégué des pouvoirs pour assurer l'exécution de ce décret, publia alors ses douze célèbres anathèmes, auxquels il invitait Nestorius à souscrire pour abjurer ses erreurs. Non-seulement le patriarche de Constantinople n'obtempéra pas à cette invitation, mais il s'exaspéra et lança lui-même douze anathèmes contre les propositions du grand docteur d'Alexandrie.

Alors, à la prière instante de l'empereur Théodose, le pape Célestin convoqua à Éphèse un concile œcuménique, qui se réunit en 431, et auquel présida d'abord saint Cyrille, en attendant les légats qui étaient envoyés de Rome. Plus de deux cents évêques d'Orient et d'Occident, réunis à Éphèse, prononcèrent la condamnation de Nestorius et sa déchéance de son siége. La sentence fut reçue aux applaudissements du peuple, qui attendait aux portes de l'assemblée et reconduisit les Pères en triomphe, les hommes portant des flambeaux et les femmes brûlant des parfums. La ville fut illuminée, car le peuple avait vu avec une profonde douleur qu'on voulût supprimer la rédemption divine et ravir à la Vierge immaculée le titre de Mère de Dieu. On croit que, pour perpétuer la décision du concile d'Éphèse, l'on ajouta alors à la salutation angélique ces mots : *Sainte Marie, mère de Dieu*. La sentence fut approuvée par les légats du Pape à leur arrivée à Éphèse.

Après sa déposition, Nestorius obtint la permission de se retirer dans le couvent d'Antioche où il avait résidé avant son exaltation. Il y demeura quatre années, pendant lesquelles il s'appliqua à encourager ses partisans. C'est pourquoi il fut exilé à Pétra, en Arabie, puis à un endroit nommé l'Oasis. Les Blemmiens ayant dévasté cette retraite, Nestorius se rendit à Panoplis, d'où le gouverneur de la Thébaïde donna l'ordre de le conduire à Éléphantine, à l'extrémité de cette province ; il mourut dans le trajet, d'une horrible maladie : sa langue, qui avait proféré l'hérésie, fut rongée par les vers. C'est du moins ce que raconte Évagre (liv. Ier, VII), d'après un autre auteur dont il ne donne pas le nom (1).

(1) Voir, sur l'hérésie nestorienne : Liberatus, *Breviarium causæ Nestorianorum et Eutychianorum*. Paris, 1675, in-8° ; — *Marii Mercatoris opera, Studio J. Garnerii*, Paris, 1673, in-fol.; — Assemani, *Bibliotheca Orientalis*, t. III ; — *Histoire du nestorianisme*, par L. Doucin, 1695 ; — Gautier, *de Præcipuis sectis*, collection Migne, t. V du *Cursus theologiæ completus*, p. 64-66; — Thomas de Jésus, dans le même volume de Migne, p. 539 et suiv.; — Pluquet, *Dictionnaire des hérésies;* — Fleury, *Histoire ecclésiastique*, liv. XXV; — Badger, *The Nestorians and their rituals;* — *Eastern churches*, containing sketches of the nestorian, armenian, jacobite, coptic and armenian communities by the author of *Proposals for christian union*. L'on trouvera de nombreux documents dans l'ouvrage publié à Rome en 1617, par P. Strozzi : *De dogmatibus Chaldæorum*.

II

FONDATION D'UNE ÉGLISE NESTORIENNE.

Jean, patriarche d'Antioche, était ami de Nestorius, qui avait été tiré de son clergé. Avant le concile d'Éphèse, sur l'invitation de Célestin et de Cyrille, il avait lui-même engagé l'hérésiarque à adopter l'expression de Θεοτόκος. Mais, lorsqu'il eut connaissance des douze anathèmes de saint Cyrille, il crut y voir l'erreur opposée à celle de Nestorius, et fit réfuter saint Cyrille par deux évêques de sa province, André de Samosate et Théodoret de Tyr. Il tarda à se rendre à la convocation d'Éphèse, et le concile fut inauguré sans lui et sans ses évêques, qui n'arrivèrent que cinq jours après la condamnation et la déposition de Nestorius. Alors il assembla clandestinement un conciliabule de quarante-trois de ses partisans, dans lequel il osa prononcer sans citation et sans examen la déposition de Cyrille, la condamnation de ses propositions et l'anathème contre ceux qui les avaient adoptées.

Cité trois fois, dans les formes légales, à comparaître devant le concile, Jean d'Antioche s'y refusa. Alors les Pères, avec les légats du Pape qui étaient arrivés, prononcèrent contre lui et ses adhérents une sentence qui les retranchait de la communion ecclésiastique. Ce ne fut que deux ans après le concile d'Éphèse, et à la suite de longues explications, que Jean d'Antioche renonça formellement au parti de Nestorius. En 433, il écrivit en son nom et en celui des évêques qui l'avaient suivi une lettre de communion dans laquelle il approuvait la sentence du concile d'Éphèse contre Nestorius, le tenait pour déposé, anathématisait ses doctrines, approuvait l'ordination de Maximien au siége de Constantinople et embrassait la communion de tous les évêques demeurés dans l'orthodoxie.

Cette lettre était adressée au pape saint Sixte, à saint Cyrille et à Maximien. C'est ainsi que le siége même d'Antioche échappa à l'hérésie; mais la doctrine de Nestorius avait jeté des racines qui se développèrent dans diverses parties de ce vaste patriarcat. Ainsi, en 434, les évêques récalcitrants se réunissaient à Anazarbe, d'où ils adressaient une lettre au Pape, pour supplier Sa Sainteté de revenir sur les décisions du concile d'Éphèse. Plusieurs de ces évêques furent alors renvoyés de leurs siéges comme Nestorius. Celui d'Édesse, Ibas, s'était fait remarquer par son ardeur à soutenir l'hérésie. L'école de cette ville, qui était fréquentée par les élèves originaires des provinces de la Perse, resta le foyer et le refuge de la nouvelle doctrine jusqu'au moment où l'empereur Zénon la fit fermer en 489. Cependant les Nestoriens ne commencèrent à former une Église séparée qu'en 498, lorsqu'un Nestorien déclaré fut élevé à l'archevêché réuni de Séleucie et Ctésiphon sur le Tigre (1).

Il est nécessaire de dire ici quelques mots de ce siége dont la fondation est attribuée à saint Thaddée, et qui avait une position spéciale dans le patriarcat d'Antioche. Les évêques de Séleucie et Ctésiphon, dont l'Église était appelée chaldéenne, parce qu'elle se trouvait dans la Chaldée qui faisait partie du royaume de Perse, allaient d'abord chercher la consécration à Antioche. Mais l'un de ces prélats ayant été retenu par les officiers de l'empire romain, le patriarcat d'Antioche concéda que l'évêque de Séleucie fût ordonné à l'avenir dans la province même, et qu'il administrât, comme vicaire du pontife d'Antioche, les Églises de cette partie de l'Orient les plus éloignées. A cause de cette délégation, il était appelé *catholicos*, ce qui signifie procureur ou vicaire *général*, et exclut toute idée d'autocéphalie. L'évêque de Sé-

---

(1) Fleury, *Histoire ecclésiastique*, liv. XXV et XXVI; — *Dictionnaire encyclopédique de la théologie catholique*, par Wetzer et Welte, voir *Chaldéens* et *Nestoriens*; — *Eastern churches*, Londres, 1850, p. 3.

leucie avait dans le patriarcat d'Antioche une position analogue à celle du vicaire de Thessalonique dans le patriarcat de Rome. Dans les actes du quatrième et du cinquième siècle, le catholicos porte déjà le titre d'archevêque (1).

Dans les dernières années du cinquième siècle, Barsumas, métropolitain de Nisibe, qui professait ouvertement l'hérésie nestorienne, fit adopter une constitution permettant le mariage aux évêques, aux prêtres et aux moines, et il épousa lui-même une religieuse. Babuée ou Baba Ier, qui était alors catholicos de Séleucie et Ctésiphon, l'approuva et fut pour cela rejeté de la communion de l'Église orthodoxe. Désirant se réconcilier, il écrivit des lettres qui furent interceptées par Barsumas. Celui-ci dénonça alors le catholicos au roi de Perse comme entretenant des relations suspectes avec l'empire grec. Le roi Phérozès fit mourir Babuée et permit à Barsumas de persécuter les orthodoxes. Ce Nestorien en fit périr, dit-on, sept mille cinq cents, dont un évêque et douze moines; puis il contraignit les Chaldéens, dans trois conciles successifs, d'adopter ses erreurs. Acace succéda à Babuée Ier, et fut forcé par Barsumas, qui avait l'appui du roi de Perse, de suivre la doctrine nestorienne. Babuée II, qui le remplaça en 498, était marié et ne savait pas lire. C'est ainsi que le nestorianisme s'empara du premier siége de l'Église de Perse (2).

Hâtons-nous d'ajouter que le scandale du mariage des prélats ne dura guère plus d'un demi-siècle dans l'Église nestorienne. Le catholicos Abas (mort en 552) fit décider, dans un synode, qu'à l'avenir ni le catholicos ni les évêques ne pourraient pas être choisis parmi les hommes mariés. Il s'attacha même une telle défaveur au siége de Nisibe qu'avait occupé Barsumas, auteur de ce scandale et de tant de cruelles persécutions, que, pendant plus de trois siècles, il était reconnu que le prélat de cette ville était indigne de devenir le chef de toute l'Église, et, en 860, Sergius, archevêque de Nisibe, ne put être accepté comme catholicos que

---

(1) *Oriens christianus*, t. II, p. 1077 et suiv ; — *La Bulgarie chrétienne*, ch. I, Paris, B. Duprat, 1861.

(2) *Oriens christianus*, t. II, 1114-1115.

par la violence de l'autorité souveraine, devant laquelle les répugnances des chrétiens durent fléchir. *Califœ parendum est* (1), dit le P. Lequien. Cela nous amène à l'époque de la conquête arabe.

(1) *Oriens christianus*, t. II, p. 1117 et 1132.

III

La domination des Sassanides avait été rude pour les chrétiens de la Perse. Au moment où les Arabes s'établirent sur le cours inférieur du Tigre et de l'Euphrate, les Nestoriens respirèrent. Mahomet avait été, dit-on, en relation avec un moine nestorien nommé Sergius, qui lui aurait enseigné les diverses traditions qui se trouvent dans le Coran. Le prophète des musulmans se montra favorable aux Nestoriens et leur accorda plusieurs priviléges et exemptions. L'église de Mossoul possède un diplôme attribué à Mahomet, et qui pourrait bien être celui que le catholicos Jesuiab II obtint, pour la sécurité de ses ouailles, du calife Omar. Jesuiab II écrivait à un évêque de la Perse : « Les Arabes auxquels, en « ces jours, le Tout-Puissant a donné la domination de la « terre, se trouvent au milieu de nous, comme tu le sais; « mais ils ne persécutent pas la religion chrétienne; ils esti- « ment notre foi, honorent les prêtres et les saints du Sei- « gneur, et font des présents à mon église et aux couvents. » Mar-Ama, son successeur, obtint d'Ali la même faveur. Jesuiab III, qui vint ensuite, sut aussi se rendre agréable aux princes musulmans et en reçut des lettres munies de leurs sceaux, disant qu'il ne serait porté préjudice à aucun des monastères ou des églises de sa juridiction. Abjesus III, mort en 1090, obtint, avec un diplôme pour la sécurité de ses églises, l'autorité sur les autres sectes chrétiennes (1). Les Chaldéens nestoriens servaient de secrétaires et de médecins aux Arabes et contribuèrent à les civiliser. L'on a aussi attribué cette tolérance des musulmans à l'égard des Nestoriens à ce que ces sectaires soutiennent que ce n'est pas Dieu qui s'est fait homme et qui a été crucifié.

L'emplacement occupé par les villes de Ctésiphon et de Séleucie, auprès des ruines de Babylone, avait reçu des Arabes le nom d'Al-Modaïn ou la ville double. Vers l'an 760, Al-Manzor, calife Abasside, fonda, dans le voisinage, la ville de Bagdad, dont il fit sa capitale, et il détruisit Al-Modaïn. Le catholicos des Nestoriens transféra aussi sa résidence habituelle à Bagdad; mais le siége officiel resta à Al-Modaïn où l'exaltation avait toujours lieu dans l'antique monastère de Saint-Gabriel (2).

Sous le catholicat de Makika II, l'empire des Abassides fut détruit et passa aux Turcs-Mongols, qui, en 1258, s'emparèrent de Bagdad. Le khan se montra magnifique envers le catholicos, et lui donna le palais, dit du calife, qui se trouvait sur les bords du Tigre. Makika y habita et y bâtit une église. Denha Ier, qui vint ensuite, fut sacré, comme ses prédécesseurs, à Al-Modaïn, et cet usage paraît s'être perpétué aussi longtemps que le catholicos resta dans ces parages. Vers le milieu du seizième siècle, le chef de l'Église nestorienne se transporta dans les environs de Mossoul. Il y était déjà en 1551. L'on compte, depuis cette époque jusqu'à nos jours, plusieurs séries simultanées de catholicos, dont j'essaie plus bas (ch. xvi) de débrouiller le synchronisme et la succession. Le chef, actuellement unique des Nestoriens, réside en Turquie, à Kochannès, auprès de Djulamerk, ville du district de Diz, dans la province de Hakkary, l'une des plus inaccessibles du Kurdistan (3).

Le catholicos actuel porte, comme ses prédécesseurs, le nom de Simon; il est âgé seulement de vingt-cinq ans.

(1) *Oriens christianus*, p. 1122 et 1143; — *Dictionnaire encyclopédique de la théologie catholique*; — Assemani, *Bibliotheca orientalis*, t. III.

(2) Noël Desvergers, *l'Arabie*, p. 364;—*Oriens christianus*, t. II, p. 1094, 1129, 1133 et 1144.

(3) *Eastern churches*, p. 9; — *Oriens christianus*, t. II, p. 1096 et 1148.

IV

ORGANISATION ET STATISTIQUE DE L'ÉGLISE NESTORIENNE.

Les Nestoriens de Turquie ont dû primitivement être placés sous la juridiction civile du patriarche arménien non uni de Constantinople, comme tous les autres chrétiens n'appartenant pas au rite grec. Mais l'on m'écrit de Constantinople qu'ils ne relèvent aujourd'hui d'aucun patriarche étranger, et que leur chef traite ses affaires directement avec le gouvernement turc.

Le chef de l'Église nestorienne, qui était désigné dans les temps anciens sous le nom de *catholicos*, porte aujourd'hui le titre de patriarche de Babylone. Cette qualification paraît fort ancienne, car Jaballaha III, mort le 13 novembre 1318, prenait déjà le titre de *catholicos* et *patriarche de tout l'Orient* (1). Je crois avoir démontré dans un autre ouvrage (2), par de nombreux exemples, que ces qualifications n'ont pas une importance capitale, et qu'il faut considérer non les titres, mais les attributions.

L'usage s'est introduit de très-bonne heure de nommer toujours au catholicat des membres de la même famille. Ainsi, le catholicos Silas, qui fut élu en 503, avait fait désigner, pour lui succéder, son gendre Élisée. En 1539, Siméon V succède à Siméon IV, son frère germain, et

(1) *Oriens christianus*, t. II, p. 1151.
(2) *Documents relatifs aux Églises de l'Orient*, Paris, Duprat, p. 7.

transmet le catholicat à son neveu Siméon VI, en 1551. Élias VIII, élu en 1660, à l'âge de quinze ans, et qui ne savait pas encore lire, eut pour successeur Élias IX, de la même famille, âgé de vingt-deux ans, lequel fut remplacé par son neveu Élias X, etc. (1). Le catholicat était devenu un fief héréditaire, et il en était de même des évêchés. Cet usage s'est perpétué jusqu'à présent.

Le principe d'élection se combine avec celui de l'hérédité pour le choix des hauts dignitaires. Le catholicos, aujourd'hui patriarche est élu par les évêques; la nomination des évêques est soumise à l'approbation du peuple et à la confirmation du patriarche. L'on exige des candidats à ces dignités des conditions spéciales qui rendent l'hérédité nécessaire, et qui pourraient bien avoir été introduites dans cette intention. Ainsi, les candidats à l'épiscopat doivent, depuis leur enfance, n'avoir jamais mangé de viande, mais ils peuvent avoir fait usage du poisson, des œufs, du lait et du fromage. La mère doit s'être soumise au même régime pendant qu'elle nourrissait l'enfant, et s'il s'agissait de la dignité patriarcale, il faudrait que la mère eût observé la même abstinence pendant la gestation (2). Ces règles ne sont pas tout à fait sans exception : l'on signalait, il y a une vingtaine d'années, deux évêques dans la plaine, qui, jusqu'à l'âge de quarante ans, époque de leur élection, s'étaient nourris comme tout le monde. L'un fut nommé par le patriarche en récompense d'un écrit intitulé : *Antidote contre le papisme;* l'autre dut sa promotion à l'influence de ses amis; mais tous les deux étaient regardés par le peuple comme des intrus et des gens de peu de valeur (3).

(1) *Oriens christianus,* t. II, p. 1095, 1115, 1155, 1158; — Boré, *De la vie religieuse chez les Chaldéens,* Paris, 1843; — *Elementa linguæ chaldaïcæ quibus accedit series patriarcharum Chaldæorum a Josepho Guriel exarata.* Romæ, typis S. congregationis de propaganda fide. MDCCCLX. La chronologie de ce Chaldéen diffère un peu de celle du P. Lequien.

(2) A cette occasion et en vrai anglais, l'auteur d'*Eastern churches* s'écrie : « Ah ! pour ne pas parler des mères, si une si inhumaine condition « était imposée parmi nous à leurs fils, adieu, un long et triste adieu aux « dîners de tournée et aux fêtes du lord-maire ! » Certainement, il est triste que les Anglais aient si peu le sentiment de ce qu'il y a de grand et d'utile dans les austérités religieuses; mais cette inintelligence a un bon côté, c'est une garantie que les Anglais ne feront jamais de nos Orientaux des protestants.

(3) Ici mon Anglais pousse un nouveau cri d'horreur : « Ces prélats,

La hiérarchie ecclésiastique est composée de huit classes : 1° le catholicos ou patriarche ; 2° les métropolitains ou archevêques ; 3° les évêques ; 4° les archidiacres ; 5° les prêtres ; 6° les diacres ; 7° les sous-diacres ; 8° les lecteurs. Il faut passer successivement par tous les degrés ; mais on peut le faire dans la même journée. Les ecclésiastiques des cinq degrés inférieurs peuvent se marier, même après l'ordination. Autrefois, le catholicos et les évêques en avaient aussi la permission. J'ai indiqué à quelles époques ce scandale fut introduit et supprimé.

La vie monastique avait été fondée en Chaldée par saint Eugène, disciple de saint Antoine, et y avait pris un grand développement, dont témoignent les ruines de nombreux couvents et les grottes qui servaient d'asile aux religieux. Les Nestoriens n'ont plus qu'un couvent d'hommes, situé à Mar-Andicho, auprès de Diz. Il existe aussi quelques religieuses nestoriennes ; mais l'état du pays ne leur permettant pas de vivre en communauté, elles restent dans leurs familles, comme le font aussi les religieuses chaldéennes-unies.

Les revenus des églises sont peu considérables. Les curés suppléent à l'insuffisance des contributions et du casuel par un travail manuel et par la rétribution qu'ils reçoivent en tenant une école. Les évêques sont entretenus par une capitation. Le patriarche reçoit une collecte faite par les soins des évêques et dont le montant est de deux cent cinquante à trois cents dollars (1). L'administration de certains sacrements est rétribuée.

Le patriarche nestorien a sous sa juridiction six évêchés. Deux sont situés en Turquie, à Djeré-Atil et à Chakh. Les quatre autres prélats se trouvent en Perse, à Ardécher, à Gogtafa (Keuï-Tépé, suivant M. Boré), à Ada et à Gavilan ; mais, depuis quinze ans, ce dernier s'est fait protestant avec deux cent quatre-vingts familles de son diocèse.

« dit-il, sont, en effet, bien à plaindre dans leur grandeur mitrée ! S'être « nourri de roastbeef et de gigot et de tous les bons produits d'Our- « miah jusqu'à quarante ans, et alors, dans la force de l'âge, être obligé « de renoncer à tout cela pour le reste de ses jours ; ce doit être une pri- « vation peu ordinaire, le lecteur le plus ascétique en conviendra ! » *Eastern churches*, p. 8.

(1) *Eastern churches*, p. 9.

Assez embarrassé pour indiquer le nombre de ces religion-
naires, je rapporterai ici les divers témoignages que j'ai re-
cueillis. Dans une lettre chaldéenne, que je rapporterai plus
bas, l'on donne le chiffre de deux cent mille, qui me paraît
exagéré. L'auteur de *Eastern churches* assure qu'en 1835-
1836, le nombre des Nestoriens, tant en Perse qu'en Turquie,
était de cent quarante mille âmes. J'incline à regarder ce
chiffre comme exact. En effet, un Chaldéen, qui depuis
quinze ans a parcouru tous les villages du Kurdistan, m'af-
firme qu'il existe cent trente mille Nestoriens en Turquie et
dix mille en Perse. En 1843, il n'y avait déjà plus de Nestoriens en Turquie que dans le Kurdistan, tous ceux de la Mésopotamie étant devenus catholiques (1).

La langue religieuse des Nestoriens est le chaldéen ancien. Les fidèles ne la comprennent pas plus que les Occidentaux néolatins ne comprennent le latin. Ordinairement, le
prêtre n'y entend pas beaucoup plus que ses ouailles. Après
avoir lu l'Évangile en chaldéen, il le répète dans la langue
vulgaire. Cette lecture constitue toute la prédication ; elle est,
assure M. Grant (p. 55), accompagnée de quelques explications et de récits légendaires dont les Nestoriens ont un
grand nombre. Cette situation inspire les réflexions suivantes
à M. Ainsworth : « Les laïques assistent régulièrement aux
« offices ; mais les prêtres chantent en partie et en partie mar-
« mottent une liturgie belle et excellente, et les nobles le-
« çons du Nouveau-Testament, d'une manière si inintelligi-
« ble, qu'il n'en peut dériver aucun avantage pratique... Cer-
« taines prières sont familières à tous, mais elles ont peu
« d'effet moral... Il n'y a ni sermons ni lectures pour ex-
« poser les difficultés de la doctrine, pour éveiller la ré-
« flexion ou pour soutenir la foi en convainquant l'intelli-
« gence. Aussi la masse de cette population est seulement
« chrétienne de nom (2). »

(1) Dr Asahel Grant, *The nestorian christians, or the lost tribes*, 3e édition. Londres, 1844, page 21. — Marshall, *Christian missions*. Londres,
1863, t. II, p. 104.
(2) Tome II, page 283.

V

Pour faire connaître avec quelque détail la créance et les coutumes religieuses des Nestoriens actuels, je crois ne pouvoir mieux faire que de leur laisser à eux-mêmes la parole. Voici d'abord leur symbole, qui est ainsi intitulé : « Le *Credo,* qui a été composé par les trois cent dix-huit saints Pères, qui étaient assemblés à Nicée, ville de Bithynie, du temps de l'empereur Constantin le Pieux. Ils se sont réunis à l'occasion d'Arius, l'infidèle maudit. » — « Nous croyons en un seul « Dieu, le Père tout-puissant, le créateur de toutes les choses « visibles et invisibles ; et en Notre-Seigneur Jésus-Christ, le « fils de Dieu, unique, le premier-né de toute créature ; qui « a été engendré du Père avant tous les mondes, et qui n'a « pas été créé ; vrai Dieu du vrai Dieu, consubstantiel au « Père ; par les mains duquel tous les mondes ont été faits « et toutes les choses ont été créées ; qui, pour nous hommes « et pour notre salut, est descendu des cieux et s'est in-« carné par l'opération du Saint-Esprit, est devenu homme, « a été conçu et est né de la vierge Marie, a souffert et « a été crucifié sous Ponce-Pilate, est mort, a été ense-« veli, et a ressuscité le troisième jour selon les Écritures, « est monté au ciel, s'est assis à la droite du Père, et vien-« dra de nouveau pour juger les vivants et les morts ; et « nous croyons au Saint-Esprit, l'Esprit de vérité qui pro-

« cède du Père, l'Esprit qui donne la vie ; et en une sainte
« Église catholique et apostolique. Nous reconnaissons un
« baptême pour la rémission des péchés, la résurrection
« du corps et la vie éternelle. » J'ai traduit ce symbole de
l'anglais, d'après Perkins (1).

Je rapporterai maintenant l'extrait d'une lettre de l'évêque
d'Ourmiah, qui se trouve aussi dans les relations de Perkins.

« Au nom de Dieu, etc., etc., sachez que nous sommes
« Nestoriens, croyant au Christ en deux natures, mais dans
« une seule personne (2). Nous appelons Marie la mère du
« Christ et non la mère de Dieu... Sachez, en outre, que nos
« observances religieuses sont les suivantes. Voici d'abord
« les jeûnes et les fêtes que nous gardons : nous observons
« pendant cinquante jours le jeûne de Notre-Seigneur
« Jésus-Christ, et le cinquantième jour, nous faisons une
« fête (c'est la pâque). Ensuite, il y a une autre fête que nous
« appelons la fête de l'ascension du Christ au ciel, et encore
« la fête de la Pentecôte. Cinquante jours, commençant à la
« Pentecôte, forment le jeûne des apôtres, et à la clôture de
« ce jeûne, nous faisons la fête des apôtres. En outre,
« nous observons un jeûne de quinze jours dans le mois
« d'août, appelé le jeûne de sainte Marie. Il y a aussi le
« jeûne de saint Élie, pendant sept semaines, et le jeune de
« Moïse, aussi de sept semaines, que quelques-uns observent
« et que d'autres n'observent pas. Il y a la fête de la transfi-
« guration du Christ, la fête de la croix, la fête de la nais-
« sance du Christ et du baptême du Christ. Il y a huit fêtes
« de Notre-Seigneur que nous observons, et nous avons
« beaucoup de jours de fête et de repos (sabbat) pendant
« lesquels nous ne travaillons pas. Le mercredi et le ven-
« dredi, nous ne mangeons pas de viande. Nous gardons
« beaucoup plus de jours de repos (sabbat) que les autres.
« Nous offrons le sacrement du corps et du sang du Christ
« avec le levain, l'huile d'olive, la farine pure et avec le vin.

(1) *Residence in Persia*, cité dans *Eastern churches*, p. 13.

(2) Quoique la doctrine de Nestorius ait pour conséquence nécessaire la dualité des personnes, ses sectateurs ne reconnaissent pas qu'ils soient dans cette erreur. Il y a à ce sujet une querelle de mots dans laquelle nous ne voulons pas entrer.

« Pour ce qui est de l'union matrimoniale de l'homme et de
« la femme, nous tenons qu'à quatre degrés de parenté du
« côté de l'homme et à quatre degrés du côté de la femme,
« ils ne peuvent pas être mariés ; à ces degrés, ils sont con-
« sidérés comme parents. Sachez aussi que nous n'admet-
« tons en aucune façon les images et les peintures, et que
« nous ne les avons jamais admises. Il n'y en a pas parmi
« nous, mais pas une. »

A propos de cette horreur pour les images, M. Ainsworth
cite une anecdote qui mérite d'être rapportée : « Pendant la
« conversation, le prêtre qui était venu avec nous présenta
« au patriarche un crucifix en cuivre fait à Rome. Le pa-
« triarche le prit dans ses mains, et, après l'avoir contemplé
« quelque temps, il le brandit devant la figure du prêtre, en
« disant ces versets du psaume *In exitu Israël : Les idoles*
« *des païens sont de l'or ou de l'argent et l'ouvrage des hommes.*
« *Elles ont des bouches et elles ne parlent pas ; elles ont des*
« *yeux et elles ne voient pas,* etc. *Que leur deviennent sembla-*
« *bles ceux qui les ont faites et tous ceux qui ont confiance en*
« *elles !* Il continua encore quelque temps, tournant et re-
« tournant le crucifix, le regardant et répétant ces mots :
« *Oh ! les mécréants ! oh ! les blasphémateurs !* Le prêtre lui
« ayant fait observer que cette image était simplement la re-
« présentation du crucifiement du Sauveur, le patriarche ré-
« pondit : « Le Christ a souffert une fois et il est rentré dans
« sa gloire. Il ne souffrira plus ; il ne mourra plus. De telles
« images doivent être l'œuvre des juifs qui se plaisent à re-
« présenter les souffrances de Jésus-Christ, et non l'œuvre
« des chrétiens qui, eux, doivent se réjouir de ce que, pour
« leur salut, le Christ, par ses souffrances et par sa mort, a
« vaincu la mort (1). »

Malgré ces témoignages en apparence si positifs, je ne suis
pas, cependant, en mesure d'affirmer que les Nestoriens
aient réellement pour les saintes images l'horreur que les
missionnaires américains attribuent avec tant de complai-
sance à ces prétendus *protestants de l'Asie.* Je dois opposer
aux affirmations de Perkins et d'Ainsworth les lignes sui-

(1) Ainsworth. *Travels and researches in Asia minor, Mesopotamia,
Chaldœa and Armenia.* Tome II, page 249. Londres, 1842.

vantes, à moi adressées par un religieux qui a longtemps résidé à Mossoul et qui m'inspire toute confiance : « J'ai vu de « mes yeux, dans des églises ci-devant nestoriennes, des « images d'anges et de saints remontant incontestablement « à une époque antérieure au retour récent de ces popula- « tions à l'union catholique. Ces images sont l'œuvre d'ar- « tistes du pays. J'ai vu à Mossoul, en 1859, un moine nes- « torien du couvent d'Andicho qui, en retour des aumônes « qu'il recevait, faisait vénérer une croix en argent d'un tra- « vail assez grossier et de forme grecque. » M. Grant raconte lui-même (p. 55) que chaque fidèle, en entrant dans l'église, va baiser la croix. M. Layard parle aussi de ces croix (1).

Grant, Southgate, Layard et Ainsworth prétendent que les Nestoriens, comme Maçoudi en faisait déjà la remarque au Xe siècle, ne se donnent pas volontiers à eux-mêmes le nom de cet hérésiarque. « Nestorius, disent-ils, n'était pas « notre patriarche, mais le patriarche de Constantinople. Il « était un Grec et nous sommes des Syriens. Nous ne com- « prenons même pas sa langue, et il n'a jamais répandu ses « doctrines sur notre territoire. Pourquoi, d'ailleurs, serions- « nous désignés par un nom emprunté à un novateur? « Notre religion est ancienne et apostolique; nous l'avons « reçue des apôtres qui ont enseigné au milieu de nous. Si « Nestorius a cru comme nous, c'est lui qui nous a suivis et « non pas nous lui (2). » Les informations particulières que j'ai reçues des lieux mêmes contredisent l'assertion de ces auteurs. L'on m'écrit, en effet, que les Nestoriens ne se donnent plus aujourd'hui d'autre nom.

Les Nestoriens n'admettent plus ni la confession auriculaire ni le purgatoire. Cependant, par une contradiction qui se rencontre aussi chez les grecs, ils disent des prières pour les morts; mais ces invocations ne contiennent aucune allusion aux peines temporelles. C'est presque un chant de triomphe exprimant une confiance téméraire dans le salut du défunt. Les Nestoriens admettent la présence du corps

----

(1) *Niniveh and its remains*, Londres, 1861, p. 144.

(2) Ainsworth. Tome II, page 274. — *Les Prairies d'or*, traduction de B. de Meynard et P. de Courteille. Tome II, p. 328.

et du sang de Jésus-Christ dans l'eucharistie comme tous les Orientaux, et ils pensent que la transsubstantiation s'opère au moment où l'officiant a terminé l'invocation pour la descente du Saint-Esprit sur les éléments du sacrement.

VI

L'Église nestorienne montra pendant plusieurs siècles une puissance d'expansion vraiment extraordinaire. Cette faculté et la tendance au népotisme, dont nous avons déjà parlé, sont les caractères les plus saillants et les plus originaux du nestorianisme. Ce qu'il y a de remarquable, c'est que les missions nestoriennes n'étaient ni la conséquence violente d'une conquête matérielle, ni un instrument d'influence politique; non, elles étaient inspirées au moyen âge par le goût sublime et pur de la propagande religieuse, par la noble vertu de l'apostolat. Nous aurons malheureusement à constater la condition misérable de quelques-unes de ces missions; mais, avant de répondre à cette pénible exigence de la vérité historique, saluons, puisque nous la rencontrons sur notre chemin, cette précieuse fleur de chrétienté, la mission, qui parfume la vie religieuse d'une si suave et si forte odeur.

Cosmas Indicopleustès, qui voyageait au sixième siècle, dit que dans l'île que l'on appelle Dioscorides (Socotora), on trouve des clercs envoyés de Perse. Les chrétiens de cette île, qui sont aussi mentionnés dans la relation de Soleyman et Abou-Zeyd-Hassan, voyageurs mahométans du neuvième siècle, étaient sans doute aussi des Nestoriens, puisque nous voyons en 880 le catholicos Énos envoyer l'évêque Mar-Dua à Socotora, et le catholicos Sebarjésus III, élu en 1064, or-donner un évêque pour les îles de la mer Indienne, et un autre pour Socotora. En 1282, l'évêque de cette île, nommé Cyriaque, assistait à l'ordination de Jaballaha III (1).

Marco-Polo, qui voyageait dans la seconde moitié du treizième siècle, parle ainsi de l'île de Socotora : « Les habitants sont chrétiens, baptisés et ont un archevêque. Leur archevêque n'a aucun rapport avec le Pape de Rome; mais il est soumis à un archevêque qui demeure à Baudac (Bagdad), lequel envoie cet archevêque en cette île, comme aussi il en envoie d'autres en diverses autres contrées, à la manière du Pape. Tout ce clergé et ces prélats n'obéissent point à l'Église de Rome, et regardent ce grand prélat de Baudac comme leur pape... Si l'archevêque de Socotora meurt, il faut que de Baudac on en envoie un autre : jusque-là, il n'y en a point. A cette île viennent aborder les corsaires au retour de leurs courses. Ils s'y arrêtent et y vendent tout ce qu'ils ont dérobé, et ils le vendent très-bien, parce que les chrétiens savent qu'ils ont volé tout cela à des Sarrasins ou à des idolâtres, et ils n'hésitent point à l'acheter. Les chrétiens de cette île sont les plus habiles magiciens du monde. L'archevêque a beau les en reprendre, ils disent que leurs ancêtres le faisaient et qu'ils veulent faire comme eux. L'archevêque est donc bien forcé de passer par là-dessus (2). »

(1) *Voyageurs anciens et modernes,* t. II, p. 27, notes, et 149; — *Oriens christianus,* t. II, p. 1141, 1258.

(2) *Voyageurs anciens et modernes,* t. II, p. 411.

VII.

Les missionnaires jésuites découvrirent à Si-ngan-fou, dans la province de Kansi, une inscription indiquant que, vers 636, des chrétiens avaient fondé en Chine une église obéissant au catholicos nestorien. Cette inscription porte qu'elle a été écrite en 780, sous le pontificat d'Anajésus III, qui y est qualifié de *Père des Pères* et de *patriarche universel*. L'on a contesté l'authenticité de cette inscription; mais il ne paraît pas que ce soit avec raison (1). Elle contient un résumé de l'histoire de l'Église en Chine depuis 636 jusqu'en 780.

L'on voit par un canon de 850 que le métropolitain de la Chine, comme ceux de la Perse, de l'Inde et de Samarcande, sont autorisés à ne pas assister à la convocation quadriennale du catholicos. L'on connaît aussi un édit de proscription des chrétiens sous l'empereur Wou-Soung, qui est de 845. A cette époque, trois mille Nestoriens et Jacobites furent exilés de la Chine. Maris II, qui fut promu au catholicat en 987, envoya en Chine six missionnaires, qui y demeurèrent sept ans. Vers 1064, sous le catholicos Sébarjésus III, un évêque nommé Georges se rendit en Chine et l'on sait qu'il y resta jusqu'à la fin de ses jours. Marco-Polo, parlant de la ville de Cingianfou (*Chingiam*) dit : Il y a deux « églises de chrétiens nestoriens depuis l'an 1278 de l'incar-

(1) M. Pauthier, *l'Inscription chinoise de Si-ngan-fou*, in-8°, 1858, Paris, B. Duprat; — *Oriens christianus*, t. II, p. 1122, 1127 et 1268.

« nation du Christ, et voici comment : en 1278, le grand-
« khan fit seigneur de cette ville pendant trois ans Marsar-
« chis (Mar Sergius), qui était chrétien nestorien. Celui-ci
« fit faire ces deux églises qui subsistent encore aujour-
« d'hui (1). »

L'autorité du catholicos s'exerçait de la manière la plus
complète dans le diocèse de la Chine, comme il résulte incontestablement de l'anecdote suivante rapportée par le P. Lequien. En 1279, le catholicos Denha Ier institua métropolitain
de la Chine Siméon Bar-Kaleg, alors évêque de Kausa dans
le Khorassan. Ce Siméon, ayant traité le catholicos avec dé-
dain, fut, par l'ordre de Denha Ier, amené à Asna, ville du
pays des Adorbigans, dépouillé de tout et ensuite incarcéré
dans le monastère de Saint-Abraham de la ville de Lakaka.
Il mourut en prison (2).

Lorsque le franciscain Jean de Monte-Corvino arriva en
Chine en 1293, il y trouva des Nestoriens, comme il résulte
de sa correspondance publiée dans les *Annales des Frères
mineurs*. Le passage suivant d'une relation d'un missionnaire
dominicain, insérée dans l'*Histoire merveilleuse*, *plaisante
et récréative du grand empereur de Tartarie*, signale aussi
l'existence d'un grand nombre de Nestoriens à Pékin, au
commencement du treizième siècle. « En cette cité, dit-il,
« il y a une manière de faux chrétiens schismatiques,
« que l'on appelle Nestoriens. Ils n'obéissent point à la
« sainte Église de Rome. Ces Nestoriens sont plus de trente
« mille demeurant en Chine et fort riches. Ils ont des églises
« très-belles et très-dévotes avec des croix et images. (?) Ils
« reçoivent de l'empereur plusieurs charges et fonctions, et
« l'on croit que s'ils voulaient s'accorder avec les Frères mi-
« neurs et autres bons chrétiens qui demeurent en ce pays,
« ils convertiraient tout ce pays et les empereurs à la vraie
« foi (3). »

(1) *Etheridge's Syrian churches*, p. 85; — *le Pays de Tanduc*, par Pauthier, dans la *Revue de l'Orient*, octobre 1862, Paris, Duprat; — *Oriens
christianus*, t. II, p. 1137, 1141 et 1272. Je crois que le P. Lequien se
trompe en confondant Cingianfou avec Si-ngan-fou. — *Voyageurs anciens
et modernes*, t. II, p. 368.

(2) *Oriens christianus*, t. II, p. 1271.

(3) VIᵉ partie. — Voir aussi *le Pays de Tanduc*, par Pauthier.

L'on ignore à quelle époque le diocèse nestorien de la Chine cessa d'exister; mais il paraît que le métropolitain nestorien des Indes devint aussi titulaire de la Chine. Mar Jacob, qui était le chef de l'Église du Malabar quand les Portugais arrivèrent à Cochin, s'attribuait déjà ce double titre, et Mar Joseph, qui mourut à Rome vers la fin du seizième siècle, se qualifiait encore de métropolitain des Indes et de la Chine (1).

(1) *Oriens christianus*, t. II, p. 1272. — Consulter *le Christianisme en Chine, en Tartarie et au Thibet*, par Huc. Paris, 1857, ch. II et III.

VIII

LES NESTORIENS EN TARTARIE.

Timothée Ier, qui fut promu au catholicat en 778, préoccupé de propager la religion chrétienne parmi les barbares et principalement chez les Gélamites et les Dilamites, qui occupaient les rives de la mer Caspienne, leur envoya cinq prédicateurs qui se nommaient Sebarjésus, Jaballaha, Cardag, Élie et Narsès. Il écrivit des lettres au kakan des Turcs et aux autres chefs de cette nation, en les invitant à la foi du Christ. Sebarjésus III, élu en 1064, donna la consécration épiscopale à Georges qu'il envoya dans le Korassan et dans la Ségestanie (1).

Les informations sur la Tartarie sont très-précises pour le treizième siècle. Elles se trouvent principalement dans le récit de Jean de Plan Carpin, ambassadeur du pape en Tartarie de 1245 à 1247 (2), et dans celui du cordelier Guillaume de Rubruquis, que Louis IX envoya auprès du khan des Tartares en 1253. Nous devons donner ici quelques extraits de cette intéressante relation où l'on voit que, loin d'être chrétiens comme on le supposait alors, les princes tartares faisaient exécuter indifféremment devant eux les rites du christianisme, du mahométisme et de l'idolâtrie, sans paraître avoir de préférence ni de respect pour aucun.

(1) *Oriens christianus*, t. II, p. 1128 et 1141.
(2) *Voyageurs anciens et modernes*, t. II, p. 238.

« Le jour de l'octave de l'Épiphanie, dit Rubruquis, la
« principale femme du grand khan Mangou, nommée Cou-
« touctaï, vint à la chapelle des Nestoriens, avec plusieurs
« dames, son fils aîné Baltou et ses enfants en bas âge. Tous
« se prosternèrent la face contre terre, touchèrent les images
« de la main droite qu'ils portèrent à leurs lèvres, et don-
« nèrent la main à tous ceux qui étaient présents, suivant
« l'usage des Nestoriens. Mangou visita aussi cette chapelle
« et s'assit avec son épouse sur un sopha doré placé devant
« l'autel. Il fit chanter Rubruquis et son compagnon, qui
« entonnèrent le *Veni, Sancte Spiritus*. L'empereur ne tarda
« pas à se retirer, mais sa femme demeura dans la chapelle
« et fit des présents à tous les chrétiens. On apporta du ta-
« rassous, du vin et du coumiz. L'impératrice prit une coupe,
« se mit à genoux, demanda la bénédiction, et, pendant
« qu'elle buvait, les prêtres chantaient. Ceux-ci burent à
« leur tour et s'enivrèrent. Ce fut ainsi qu'ils passèrent la
« journée. Vers le soir, l'impératrice, étant ivre comme les
« autres, retourna chez elle dans son chariot, accompa-
« gnée des prêtres qui ne cessaient de chanter ou plutôt de
« hurler.

« Le samedi, veille de la Septuagésime, nous allâmes en
« procession au palais de Mangou. Arrivés en sa présence,
« les prêtres nestoriens lui apportèrent l'encens qu'il mit
« lui-même dans le vase et ils l'encensèrent. Ils bénirent
« aussi sa coupe; nous fûmes tous obligés de faire de même;
« ensuite, on fit boire tous les prêtres.

« Après cela, nous allâmes au logis de Baltou. Sitôt qu'il
« nous aperçut, il sauta de son siége et se jeta à terre, la
« touchant du front en révérence de la croix qu'il posa,
« après s'être relevé, sur une pièce de tissu de soie neuf,
« et plaça devant lui en un lieu élevé. Son précepteur,
« nommé David, prêtre nestorien, qui était un grand ivrogne,
« l'avait instruit à cela. Ensuite il nous fit asseoir, et après
« avoir bu une coupe qui avait été bénie par les prêtres, il
« les fit boire aussi.

« De là nous allâmes successivement à la cour de la se-
« conde, de la troisième et de la quatrième femme de l'em-
« pereur. Toutes se jetaient à terre aussitôt qu'elles aperce-

« vaient la croix, l'adoraient et la faisaient poser ensuite
« dans un lieu élevé sur un tapis de soie ; c'est là tout ce que
« les prêtres nestoriens leur avaient appris du christianisme.
« Elles suivaient, du reste, en même temps les pratiques des
« devins et des idolâtres (1). »

Si je me suis résigné à la tâche pénible de rappeler le
misérable état de cette Église, c'est que les écrivains protestants, qui aiment particulièrement l'Église nestorienne,
probablement parce que l'on n'y pratique pas la confession
auriculaire, ont souvent essayé d'exalter cette secte et ses
missions aux dépens de l'Église latine et de l'Église grecque.
Il était indispensable de montrer que les communions qui
ont conservé l'orthodoxie, ne sont jamais tombées aussi bas
dans aucun pays ni à aucune époque que les sectateurs de
Nestorius.

Du reste, leur position était toute différente dans la partie
de la Tartarie appelée Tanduc, où, comme raconte le Vénitien Marco Polo, « la seigneurie est aux chrétiens. » Au
moment où le célèbre voyageur s'y trouvait, c'est-à-dire
à la fin du treizième siècle, le Tanduc était, sous la suze-
raineté du grand khan des Tartares, gouverné par un chrétien nommé Georges, descendant de ce fameux prince, connu
en Europe sous le nom de prêtre Jean, qui a tant occupé
les savants. Marco Polo dit qu'il se trouvait aussi dans le pays
beaucoup d'idolâtres et de Sarrasins, mais que la race des
chrétiens était composée d'hommes plus beaux et plus sages
que celle des mécréants. « Et pour ce, continue-t-il, ont-ils
« la seigneurie et sont bons marchans. Sachiez que, en ceste
« cité de Tanduc, estoit la maistre cité où prestre Jehan te-
« noit son maistre siége quant il seigneuroit les Tatars. Et
« encore y demeurent ses hoirs ; car cestui Yorge, que ie
« vous ai nommé, est du lignage au prestre (Jehan). Et est
« le VIe seigneur depuis prestre Jehan. Et quant l'on a che-
« vauchie VII journées par levant, en cette province, si s'ac-
« coste l'en aux contrées du Catay (Chine)... Les gens ado-
« rent Mahommet ; et si y a idolâtres et crétiens *nestorins*

_____

(1) L'on trouvera des extraits de cette relation dans *la Tartarie*, par
Dubeux et Valmont. Paris, Didot, 1848.

« aussi. Ils vivent de marchandise et d'art; car ils labourent
« draps d'or et draps de soie (1). »

L'un des princes nestoriens de la Tartarie, peut-être celui-
là même dont parle Marco Polo, se fit catholique. Voici comment sa conversion est racontée dans l'une des lettres de
Jean de Monte-Corvino. « Il y avait, dit-il, un roi de ce pays,
« nommé Georges, de la secte des chrétiens nestoriens, qui
« était de la race illustre du grand roi appelé le prêtre Jean
« de l'Inde. La première année que j'allai dans ce pays, le
« roi Georges s'attacha à moi; converti par moi à la vérité
« de la vraie foi catholique, il reçut les ordres mineurs, et,
« revêtu de son costume royal, il servit ma messe. Quel-
« ques-uns des Nestoriens l'accusèrent d'apostasie; cepen-
« dant il amena la plus grande partie de son peuple à la vraie
« foi catholique et il construisit une belle église en rapport
« avec la munificence d'un roi... Ce roi Georges, vrai chré-
« tien, mourut six ans après, laissant pour héritier un fils
« au berceau qui a maintenant (en 1305) neuf ans. Comme
« les frères de Georges étaient restés dans les erreurs de
« Nestorius, ils persécutèrent après la mort du roi tous ceux
« qu'il avait convertis, et ramenèrent l'ancien schisme (2). »

Le règne de Tamerlan fit disparaître presque complète-
ment les Nestoriens de la haute Asie.

(1) *Le pays de Tanduc et les descendants du prêtre Jean,* par Pauthier;
— *Voyageurs anciens et modernes,* t. II, p. 313.

(2) *Annales Minorum,* t. VI, p. 69; — Mosheim, *Historia Tartarorum
ecclesiastica;* — voir aussi le travail déjà cité de M. Pauthier et l'ouvrage
de M. Huc.

IX

LES CHRÉTIENS DE SAINT-THOMAS, OU LES NESTORIENS
DANS LES INDES.

D'après la tradition, l'apôtre saint Thomas, après avoir établi le christianisme dans l'Arabie heureuse et dans l'île de Socotora, arriva à Tranganor, sur la côte du Malabar, où il fonda plusieurs églises. L'apôtre passa ensuite sur la côte de Coromandel et convertit le roi et tout le peuple de Méliapour. C'est dans cette ville qu'il fut lapidé, après avoir évangélisé la Chine. Le célèbre Vénitien Marco Polo raconte qu'à l'époque où il voyageait, c'est-à-dire dans la seconde moitié du treizième siècle, le tombeau de l'apôtre, situé dans cette ville, alors peu fréquentée, était en grande vénération auprès des chrétiens et même des Sarrasins. On y venait d'Europe, et l'on raconte que le roi Alfred d'Angleterre y avait envoyé des ambassadeurs. Malgré ces témoignages, quelques auteurs soutiennent que le Thomas mis à mort à Meliapour n'est pas l'apôtre, mais un Thomas disciple de l'hérésiarque Manès, ou un certain Tamo, chef d'une secte de la Chine. D'autres, enfin, prétendent que le fondateur du christianisme des Indes est un Arménien, nommé Thomas, que le commerce y aurait attiré et qui y eut, soit successivement soit simultanément, deux femmes, l'une blanche et l'autre noire. Tous les chrétiens dits de Saint-Thomas descendraient de cet Arménien et de ses deux femmes, la classe noble de l'épouse blanche, et les paysans de l'épouse noire. C'est ce Thomas qui aurait rattaché l'Église de l'Inde à celle de la Perse. On ne donne pas la date de cette aventure, qui ne paraît pas bien authentique (1).

Ce qui est certain, c'est qu'au premier concile de Nicée, en 325, il siégeait un prélat portant le titre d'évêque de la Perse et des grandes Indes.

Cosmas Indicopleustès, dont le protestant Lacroze s'est appliqué à faire un Nestorien, mentionne que, « dans l'île de « Taprobane (Ceylan) il existe une église où sont des clercs « et des fidèles. De même, il y en a dans le pays qu'on ap- « pelle Malé (Malabar). Dans le lieu nommé Calliano (Calicut), « il y a aussi un évêque, à qui l'on confère les ordres en « Perse (2). »

Depuis le voyage de Cosmas jusqu'à l'arrivée des Portugais, l'on n'a conservé que par intermittence l'histoire des rapports des Malabares avec le catholicos nestorien, ou, comme l'on disait déjà au seizième siècle, avec le patriarche de Babylone. On sait, cependant, qu'un canon, qui est du neuvième siècle (3), enjoint au métropolitain des Indes d'envoyer, tous les dix ans, des lettres de salutation au catholicos, dans lesquelles il devait rapporter l'état de son administration. Il avait à transmettre en même temps les collectes faites dans les différents diocèses de la province pour l'entretien du catholicat. Vers 880, il arriva, des bords du Tigre aux Indes, deux missionnaires, probablement évêques, nommés Mar Zabro et Mar Frond. Ils bâtirent un grand nombre d'églises, étendirent beaucoup la religion, et ont laissé des noms très-vénérés parmi les Malabares, qui les considèrent comme des saints. A leur mort, les Malabares firent savoir à Bagdad qu'il ne leur restait plus qu'un diacre qui administrait indûment les sacrements. On leur envoya un archevêque nommé Jean.

Durant la dernière partie du quinzième siècle, le clergé du Malabar était si réduit en nombre qu'il était impossible

(1) Lacroze, *Histoire du christianisme des Indes*, liv. I; — *Oriens christianus*, p. 1274-1276; — *Voyageurs anciens et modernes*, t. II, p. 27 et 899.

(2) *Voyageurs anciens et modernes*, t. II, p. 27, notes.

(3) *Eastern churches*, p. 18-20; — *Oriens christianus*, t. II, p. 1276-1278.

de pourvoir au service divin et à l'Instruction du peuple : la succession épiscopale venait d'être interrompue. Il y avait plus de paroisses que de pasteurs. Une députation de trois hommes sûrs fut envoyée à Bagdad, en 1490, pour obtenir de nouveaux évêques. Deux seulement arrivèrent en Mésopotamie, où ils furent ordonnés prêtres, tandis que deux évêques, Thomas et Jean, étaient consacrés pour les Indes par le catholicos Siméon II. A leur arrivée, les fidèles les reçurent avec une grande joie, et le culte fut rétabli. L'évêque Jean resta seul dans le Malabar. En 1503, Élias III, qui avait succédé à Siméon II dans le catholicat, ordonna aussi trois évêques qu'il envoya dans l'extrême Asie. En 1504, ces prélats adressèrent un rapport au catholicos sur l'état de la chrétienté aux deux rives de la presqu'île indienne : « Il y « a, disaient-ils, sur la côte du Malabar 30,000 familles de « chrétiens de notre communion. Ils commencent à bâtir « des églises : ils ont abondamment de toutes choses, et « sont, grâce à Dieu, doux et pacifiques. En outre, le mo- « nastère de Mar-Thomas commence à être occupé par des « religieux qui sont assidus à leur règle. Ils vivent dans la « ville de Meliapour (Saint-Thomas) sur le bord de la « mer, éloignés de vingt-cinq journées de marche des « chrétiens du Malabar. Les provinces de l'Inde sont très- « nombreuses et la visitation des églises exige un voyage de « six mois. » Les prélats annonçaient en même temps l'arrivée des Portugais sur leur côte. A cette époque, le métropolitain nestorien résidait à Angamalee et administrait environ 200,000 chrétiens. Très-attachés au siége de Babylone, ils étaient industrieux et riches. Ils avaient réussi, quelque temps auparavant, à former un État indépendant. Leur premier chef s'était appelé Baliarté, et avait porté le titre de roi des chrétiens de Saint-Thomas. Lorsque Vasco de Gama arriva à Cochin, on lui montra un sceptre qui avait appartenu à ces rois. Mais, au moment du débarquement, ils avaient déjà perdu leur autonomie. Leur dernier chef avait adopté, suivant la coutume indienne, un autre prince, le roi païen de Diamper, qui lui avait succédé dans ses droits sur les chrétiens. Par une autre adoption, ils avaient passé sous le roi de Cochin dont ils étaient alors sujets pour la plupart; cependant un nombre assez considérable d'entre eux dépendait des rois voisins, et notamment du Zamorin. Ils jouissaient, du reste, de certains priviléges qui leur assuraient ce qu'on appellerait aujourd'hui l'autonomie administrative (1).

L'arrivée des Portugais ouvre une nouvelle ère dans l'histoire religieuse des chrétiens de Saint-Thomas. Je me contenterai d'indiquer ici qu'en 1599, sous l'impulsion d'Alexis de Ménésès, archevêque de Goa, les Nestoriens de l'Inde se réunirent à l'Église romaine au concile de Diamper. Ils cessèrent de recevoir leurs évêques du catholicos de Mossoul, et furent administrés jusqu'en 1659 par des prélats jésuites. Le père Bertrand attribue à ces religieux la consolidation de l'union et en explique ainsi la cause : « Les mis-« sionnaires jésuites de la côte du Malabar trouvèrent une « Église de cent cinquante mille chrétiens dits de Saint-Tho-« mas, qui suivaient l'hérésie des Nestoriens. On n'avait jamais « pu les ramener à la foi catholique, parce qu'on avait voulu « les forcer de renoncer à leur rite aussi bien qu'à leurs « erreurs. Les jésuites furent plus indulgents; de concert « avec le primat des Indes, ils écrivirent au Saint-Siége et « au roi de Portugal, et après en avoir obtenu l'autorisation, « ils convertirent à la foi catholique ces chrétiens de Saint-« Thomas, en leur laissant leur liturgie et leur rite syro-« chaldéen (2). » En 1660, la mission du Malabar fut confiée par le pape Alexandre VII à un carme déchaussé. C'est encore aujourd'hui un prélat appartenant à cet ordre, et résidant à Vérapoly, qui administre les Chaldéens unis ou anciens Nestoriens de l'Inde. Depuis quelques années, le patriarche des Chaldéens unis de Mossoul cherche à étendre sa juridiction sur le Malabar.

Ceux des Nestoriens du Malabar qui ne revinrent pas à l'union ont adopté l'erreur des jacobites. En 1808, leur métropolitain, nommé Dionysius, avait sa résidence à Candenad (3).

(1) Lacroze, *Histoire du christianisme des Indes*, liv. I ; — *Etheridge, the Syrian churches* , pages 150 et suiv.; — *Oriens christianus*, t. II, p. 1153, 1154 et 1278.

(2) *Mémoires historiques sur les missions des ordres religieux*, etc. 2ᵉ édition. Paris, Brunet, 1862, page 370.

(3) *Le Christianisme en Chine, en Tartarie et au Thibet*, par M. Huc. Paris, 1857, ch. Iᵉʳ. — *Christian researches*, par Buchanan.

X

LES NESTORIENS A JÉRUSALEM.

Comme les chrétiens de chaque communion venaient en Palestine de toutes les parties de l'Orient pour y visiter les sanctuaires et cherchaient à y fonder des églises ou des lieux de prières qui leur fussent propres, les catholicos des Chaldéens y établirent aussi un évêché, dont six titulaires nous sont connus. Ce sont Élias Ier, promu en 893; Ana-jésus, promu en 1065; Élias II, qui devint catholicos (sous le nom d'Élias III) en 1175; un anonyme mentionné dans une lettre écrite en 1247, par le catholicos Sebarjésus V au pape Innocent IV; Abraham, qui prit part en 1282 à l'élection du catholicos Jaballaha III; enfin Timothée, qui signa la lettre écrite en 1616 au pape Paul V par le synode d'Amida, dans lequel un certain nombre d'évêques, dépendants du catholicos, répudièrent, comme nous le verrons bientôt, tout ce qui était contraire à la foi catholique et apostolique, ainsi que la mémoire de Nestorius (1).

Le catholicos Jaballaha III, que je viens de nommer, était du Cathay (Chine), de race turque ou tartare. Il avait d'abord été moine en Syrie, et retourna ensuite dans sa patrie. Ce fut alors qu'un khan tartare envoya Jaballaha en Palestine, porteur de vêtements précieux qu'il devait plonger dans les eaux du Jourdain et faire toucher au sépulcre de

____

(1) *Oriens christianus*, t. II, p. 1300 et 1157.

Jésus-Christ. Comme il s'acquitta fidèlement de cette mission, le prince le reçut, à son retour, avec beaucoup d'honneur. Après avoir parcouru toutes les hordes des Tartares, Jaballaha se retira de nouveau dans un monastère, d'où le catholicos Denha Ier le tira pour l'ordonner métropolitain de Tanguth ou Tenchuth (Tartarie). Mais à cause des guerres qui troublaient alors les régions de l'Orient, il se réfugia dans le monastère de Dokuka, auprès d'Arbèle, puis à Bagdad. C'est là qu'un moine (rabban) nommé Sulaca, lui prédit qu'il serait élevé prochainement au gouvernement de toute son Église. En effet, Jaballaha fut bientôt après promu au catholicat par ordre du khan des Tartares. Cet ancien pèlerin doit avoir sa place dans l'histoire de Jérusalem. Il paraît, du reste, y avoir puisé d'heureuses inspirations, comme nous le verrons plus tard en parlant de ses rapports avec l'Église romaine (1).

Nous allons maintenant rechercher quelle était la condition des chrétiens indigènes en Palestine pendant la domination des Francs et résumer ici les indications que nous avons trouvées dans les *Assises de Jérusalem* (2).

Godefroy de Bouillon avait d'abord accordé à tous les chrétiens indigènes de la Syrie et, par conséquent, aux Nestoriens la faveur de vivre sous leurs lois nationales et de conserver leurs anciens magistrats ou *reis*. C'était d'une sage politique, parce qu'il fallait s'attacher les indigènes ; il eût été d'ailleurs impossible aux Latins de rendre la justice à des gens dont ils ne connaissaient ni la langue ni les usages. Lorsque les chrétiens de l'Orient et de l'Occident se connurent davantage, il ne paraît pas qu'il en soit résulté une sympathie réciproque. Les historiens latins, et surtout Jacques de Vitry, traitent fort mal les indigènes. Guillaume de Tyr lui-même ne les épargne pas. On les accusait de désirer le retour des Turcs et d'y travailler. Il ne faut pas cependant se tenir seulement aux assertions des écrivains. Le savant éditeur des *Assises de Jérusalem* rappelle que peu à peu la bourgeoisie franque prit les mœurs de celle de la Palestine :

(1) *Oriens christianus*, t. II, p. 1150, 1152, 1272 et 1303.
(2) *Les Assises de Jérusalem*, in-f°, Paris, 1841-1843, édition Beugnot, t.II, p. 53 et suiv., 171 et suiv., 485.

le comte Beugnot fait aussi remarquer que la législation semble en contradiction avec les appréciations des écrivains, et il ajoute que la législation est le plus sûr garant en pareille matière. A la vérité, les cours exclusivement indigènes du *reis* finirent par être supprimées dans les principales villes ; mais l'organisation qui y succéda témoigne de la part des vainqueurs d'un grand sens politique, d'un respect sérieux des mœurs indigènes et d'une préoccupation sincère des intérêts des vaincus. Le nouveau tribunal qui fut substitué à celui du *reis* s'appela cour de la *Fonde*, c'est-à-dire du bazar ou de la bourse. La présidence en appartenait de droit à un bailli pris indifféremment parmi les chevaliers ou les bourgeois francs. Cette cour, dont la dîme revenait au patriarche de Jérusalem, était composée, outre le bailli, de six jurés, dont *deux* Francs et *quatre* indigènes. Ses attributions étaient d'une double nature : en matière commerciale, la cour de la Fonde était commune aux Francs et aux indigènes ; c'était quelque chose d'analogue au *Tidjaret* en Turquie. Elle devenait, en matière civile, la juridiction spéciale des indigènes, mais seulement pour les objets dont la valeur n'excédait pas un marc d'argent. La décision des contestations qui dépassaient cette limite, ainsi que celle des affaires criminelles, appartenait exclusivement à ce qu'on appelait la cour des bourgeois. Du reste, la cour de la Fonde elle-même appliquait les *assises* des bourgeois et non les anciennes coutumes locales. Mais il faut dire que dans la rédaction des lois des vainqueurs et dans l'établissement des coutumes qui en étaient la conséquence, le législateur franc avait tenu compte des mœurs et des usages religieux et civils de la population.

Nous verrons maintenant quelles étaient les garanties dont jouissaient les indigènes lorsque la nature ou l'importance d'une affaire les appelait devant la cour des bourgeois. Lorsqu'un Franc portait plainte contre un Syrien sans avoir de témoins, et que le Syrien, niant la dette, prêtait serment qu'il ne devait rien, il était acquitté. Il en était de même lorsque le défendeur était un Grec ou même un Sarrazin. Voici le texte de cette disposition : « C'il avient que un « Franc se clâme d'un Surien en la Cort d'aver que il li « doit et le Surien li nee l'aver et le Franc n'en a garens, le

« dreit commande que le Surien doit jurer sur la Sainte
« Croiss que rien ne li deit; et par c'est sairement le Surien
« doit être quitte par l'assise. Encement et si un Surien
« se clâme, etc., etc. » C'est justement le contraire de ce
que les Turcs pratiquent, puisque, d'après le *cheriat*, le juge
est forcé de condamner sur le témoignage de deux musulmans, celui des non-musulmans étant considéré comme
nul. Mais le législateur franc était entré dans des détails qui
témoignent d'une sollicitude paternelle pour les justiciables
indigènes. Ainsi l'on ne pouvait pas faire condamner un
homme d'une communion sans fournir des témoins de la
communion même de l'intimé. « Se il avient que un Nesto-
« rin se clâme en la Cort d'un Jacobin de quelque chose
« qu'il se clâme que dette seit et le Nestorin qui c'est
« clâmés, n'en a Jacobins à garens, autre garens ne li sont
« suffisables, se l'enprest n'en estoit fait en la Cort, car le
« Nestorin ne peut porter garentie contre le Jacobin, par
« dreit ne par l'assise de Jérusalem. Encement, se un Ja-
« cobin se clâme en la Cort d'un Samaritain, etc., etc. » Une
autre disposition porte que les indigènes ne pouvaient pas
être forcés au duel judiciaire, mais que, s'ils l'offraient, on
ne pouvait pas le leur refuser, ce qui témoigne d'un remarquable respect pour les mœurs des vaincus. C'est à ce même
sentiment qu'est due la disposition portant que les indigènes
prêteront serment sur les Évangiles écrits non en caractères
latins, mais avec *leurs propres lettres;* que le Samaritain doit
jurer sur les livres de Moïse, et le Sarrasin sur le Coran. Ces
faits et bien d'autres pourraient servir à montrer qu'anté-
rieurement à la philosophie du dix-huitième siècle, il y avait
déjà eu dans le monde quelque sentiment de l'équité et un
peu de bon sens, et que le moyen âge chrétien n'a pas été
précisément un inextricable chaos de superstition, d'oppression et d'ignorance.

C'est probablement à l'époque des croisades que les Nestoriens possédaient à Jérusalem l'hôpital que le P. Jacob,
prieur du monastère de Seerd, cherchait à récupérer en
1584, comme il résulte de la relation de l'évêque de Sidon,
dont il sera fait mention plus bas.

XI

Nous avons vu que le nestorianisme avait pris naissance dans une Église grecque. Avant de parler de ce que l'Église romaine et les missions protestantes ont fait parmi les Nestoriens, il faut rechercher quels ont été leurs rapports avec les orthodoxes grecs et d'abord avec ceux d'Antioche.

Il paraît qu'après l'abjuration imposée par Barsumas à la fin du v⁵ siècle, des évêques grecs continuèrent à résider à Séleucie-Ctésiphon, pour ceux des habitants qui n'étaient pas tombés dans l'erreur de Nestorius. Ces évêques étaient réellement catholiques, puisque le schisme n'était pas encore venu les séparer de la communion romaine. L'un d'eux, nommé Jean, est mentionné à l'occasion de sainte Syra, qui subit le martyre en 559 (1). Il paraît même que jusque vers 905, le pontife des orthodoxes de Séleucie-Ctésiphon conservait, conjointement avec celui des Nestoriens, le titre attaché à ce siége, celui de catholicos. Je vais raconter à quelle occasion il le perdit. C'est un trait des mœurs religieuses du x⁵ siècle qui doit trouver sa place dans cet exposé de l'Orient chrétien.

Jean IV avait été élu catholicos des Nestoriens en 900. C'était un homme remarquable par sa piété et qui, contrairement à ses prédécesseurs, était pur de toute simonie. Après

(1) *Oriens christianus*, t. II, p. 1134-35.

plusieurs avertissements inutiles, il déposa du siége métropolitain de Beth-Garma un certain Théodore, parce qu'il
était éperdument épris d'une chanteuse, et qu'il gardait auprès de lui cette femme avec sa fille. Théodore se fit alors
musulman et se livra à la pratique de la médecine. Cependant
le catholicos Jean IV était si pauvre que, pendant
sa dernière maladie, il n'avait pas les moyens de se faire
soigner. Abraham, évêque de Maraza, qui était venu à Bagdad pour un procès, lui prêta trois cents drachmes. Lorsque
Jean IV fut mort, cet Abraham lui rendit publiquement les derniers devoirs, se concilia ainsi la faveur du peuple et gagna à
prix d'argent, après un copieux banquet, les autres évêques,
qui le nommèrent catholicos en 905. Or, il avait promis à
un certain Abd-allah de rétablir Théodore sur le siége de
Beth-Garma; mais comme il ne se hâtait pas de remplir cette
promesse, Abd-allah abjura le nestorianisme et passa aux
Grecs melchites, qui avaient alors pour évêque, avec le titre
de catholicos, un nommé Jean. Abraham, exaspéré de cette
défection, fit défendre à Jean de porter désormais le titre de
catholicos. En outre, ayant obtenu un firman du calife, il le
força de quitter Bagdad, avec défense de plus y remettre les
pieds et en lui permettant seulement de désigner un évêque
qui viendrait de temps à autre visiter les Grecs melchites
habitant à Bagdad, et retournerait bien vite dans son pays
après avoir pourvu à leurs besoins religieux. Élie, patriarche
grec melchite d'Antioche, qui vint alors à Bagdad, reçut
l'ordre de souscrire à ce firman (1).

Lorsque l'on verra, tout à l'heure, avec quelle persévérance
et surtout avec quelle autorité l'Église romaine travailla à
ramener les Nestoriens à la vraie foi, l'on s'étonnera du peu
d'importance des rapports de l'Église grecque avec ces hérétiques sortis de son sein et cependant si rapprochés d'elle
par les mœurs comme par leur résidence. Ce n'est pas là un
fait isolé; l'impuissance et même l'indifférence caractérisent
généralement les rapports des Orientaux orthodoxes avec les
hétérodoxes, nestoriens ou eutychéens.

J'invoquerai ici le témoignage d'un auteur russe, dont le

(1) *Oriens christianus*, t. II, p. 1118.

réflexions sur ce sujet m'ont paru inspirées par un sincère et louable sentiment de charité chrétienne envers les communions hérétiques de l'Orient. C'est un terrain sur lequel il est consolant de se rencontrer quand on est séparé par autre chose. Je suis, sous ce rapport, en si parfaite communion avec M. Philippof que, pour cette considération, je lui pardonnerais volontiers le ton moins charitable avec lequel il s'exprime sur les missions romaines. « En signalant, dit-il,
« l'activité inquiète et fébrile de l'Église romaine, nous n'a-
« vons nullement l'intention d'y opposer notre indifférence
« et notre inaction comme un exemple à suivre....... Nous
« tenons pour fausse et immorale une idée qui est celle
« de quelques membres de notre clergé, à savoir qu'il suffit
« à ceux qui sont en possession de la vérité de ne pas s'en
« départir et que rien ne les oblige à la prêcher par toute la
« terre..... Ces chrétiens dont le zèle sommeille, ne s'aper-
« çoivent pas que, si leur tiédeur était générale dans notre
« clergé, ce qui heureusement n'arrivera pas, les Latins
« triompheraient, à notre honte, de cette coupable apathie.
« Et, franchement, qui pourrait désormais respecter une
« Église dénuée d'activité et d'initiative, non parce qu'elle
« rencontre des obstacles et que les moyens d'agir lui man-
« quent, mais uniquement par conviction ?..... Les portions
« de l'Église orthodoxe qui gémissent sous le joug des infi-
« dèles (1)..... ne peuvent pas sans doute songer aujourd'hui
« à partager les travaux des prédicateurs. Dénués de tout,
« quels secours pourraient-ils apporter à leurs frères infor-
« tunés?... C'est assez pour eux d'avoir à veiller à leur propre
« défense. Il suffit à leur gloire d'être restés fidèles à leurs
« croyances pendant quatre siècles·d'esclavage. Mais, nous
« Russes, qui avons l'indépendance, la force et la richesse,
« devons-nous négliger l'œuvre des missions, au risque de
« nous exposer au mépris du monde et, ce qui est pire, de
« détourner la bénédiction divine de tout ce que nous entre-
« prenons ?..... Nous estimons que les Églises de l'Orient

(1) L'auteur ajoute ici que les Grecs de Turquie ont à se défendre contre lés *vexations de la mensongère fraternité occidentale*. J'avoue que je ne sais pas en quoi les Occidentaux ont vexé ces Grecs, ni comment ils en auraient les moyens.

« qui ont fait scission d'avec la nôtre devraient appeler et
« au plus haut degré notre attention et notre sollicitude.
« Est-il beaucoup de Russes qui sachent que les Coptes et les
« Abyssins professent le christianisme ? Qui a entendu parler
« des Jacobites ?..... Nous croyons indispensable, en termi-
« nant ces observations, de dire quelque chose sur un pré-
« jugé trop répandu. Beaucoup de gens regardent comme
« peu digne d'intérêt ce qui a rapport à la situation des
« chrétiens d'Orient, hérétiques ou orthodoxes... Tous leurs
« vices sont dus à leur asservissement; mais en admettant
« que les vices qu'on leur reproche soient innés dans ces
« races, est-ce à nous qu'il appartient de les leur reprocher ?...
« Prenons leur infortune en légitime pitié. Dispensons d'une
« main libérale les secours matériels et les trésors de la foi à
« ceux qui nous appellent et que nous pouvons atteindre.
« N'attristons pas des cœurs qui ont déjà tant de motifs de
« découragement (1). »

Ces paroles sont empreintes d'un sentiment réellement
chrétien, et en y applaudissant de grand cœur, nous n'en
avons que plus de regrets à constater les préjugés de M. Philippof contre l'Église romaine, et sa prédilection pour le
protestantisme.

Si les Russes, comme les Grecs, n'ont pas essayé jusqu'à
présent de ramener les Nestoriens de la Turquie et de la
Perse, voyons ce qu'ils ont fait de ceux de ces sectaires qui
se sont réfugiés sur le territoire de leur empire. J'emprunterai encore ici un extrait à l'intéressant travail de M. Philippof.

« A la fin de la dernière guerre avec la Perse (1829), une
« centaine de familles nestoriennes des environs d'Ourmiah
« vint s'établir auprès d'Érivan (2). Au bout de dix années de
« séjour, elles se convertirent à la foi orthodoxe. On leur
« construisit une église, non sans quelques tracasseries de
« la part de la police..... *Une partie du formulaire orthodoxe*
« *fut alors traduite* dans la langue chaldéenne... Jusqu'à ce

(1) *Ruski Viestnik*, Moscou, août 1862.

(2) Je trouve dans les *Annales de la congrégation de la Mission* (t. IX
et XVII), qu'il existait aussi dans la Russie, en 1848, une petite communion de Chaldéens-unis à Siocote, auprès de l'Araxe.

« jour ils n'ont pas tous les livres réligieux qui leur sont
« nécessaires.... La traduction de la liturgie est loin d'être
« complète.... N'est-il pas obligatoire pour nous de leur
« donner des livres corrects et *fidèlement traduits*, de manière
« à leur faire connaître et apprécier la doctrine et le *culte* de
« l'Église qui les a adoptés?... Nos Nestoriens convertis se
« trouvent journellement en relation de commerce et d'af-
« faires avec leur anciens coreligionnaires qui, au nombre
« de quinze cents à deux mille, se rendent tous les ans à
« Tiflis, à Érivan et dans d'autres lieux pour y chercher de
« l'ouvrage. Dans leurs nécessités et surtout lorsqu'il s'agit
« d'un décès, il n'est pas rare qu'ils s'adressent aux prêtres
« orthodoxes de leur race. On pourrait donc, par l'inter-
« médiaire de ceux-ci, exercer une action efficace sur les
« Nestoriens étrangers, et peut-être, avec le temps, ces rap-
« ports de bienveillance amèneraient-ils ces derniers dans le
« giron de notre Église. »

Ce qui nous frappe le plus, c'est que les Russes, si nous
avons bien compris ce passage, ne se sont pas contentés de
faire abjurer aux Nestoriens leurs erreurs, mais qu'ils leur
ont ôté leur ancien rite pour les faire passer au rite grec.
Quand on voit l'Église romaine, non-seulement permettre,
mais prescrire aux Orientaux unis la conservation des usages
religieux de leurs pères, il est triste de voir une Église orientale imposer ainsi son rite à une autre (1). Cette conduite
des Russes n'aura certainement pas pour résultat d'attirer les
nestoriens étrangers à l'orthodoxie, et elle est de nature à
inspirer de sérieuses inquiétudes aux Arméniens et aux
Georgiens de ces contrées.

Tout en regrettant que l'on n'ait pas respecté en Russie
l'antique rite chaldéen, un catholique romain ne peut que se
rejouir de ces conversions. J'ai déjà eu occasion, dans le
cours de ce travail, d'indiquer implicitement qu'au vis-à-vis
du nestorianisme et de l'eutychéisme, la cause de l'Église
grecque et celle de l'Église romaine est la même. En effet,
un Nestorien ou un Eutychéen est séparé de Rome à la fois

(1) La liturgie des Dominicains a bien été aussi traduite dans le temps
en arménien, mais c'était pour l'usage des religieux de cette nation qui
formaient la province arménienne de la famille de saint Dominique.

par l'hérésie et par le schisme. S'il entre dans la communion grecque, il abjure son erreur sur la personne de Jésus-Christ, les Grecs étant, sous ce rapport, aussi corrects, aussi *ortho-doxes* que les Romains. Il n'est plus séparé de notre communion que par le schisme, ce qui est bien différent, car cette séparation antichrétienne ne peut être acceptée par personne comme un fait normal et définitif, quoique l'on puisse différer sur la question de savoir à quelle condition la réunion doit avoir lieu.

XII

LES NESTORIENS ET LES MISSIONS PROTESTANTES.

Les erreurs de Nestorius sont nées dans une Église grecque, mais elles sont aussi contraires au catholicisme romain qu'à l'orthodoxie orientale. De même, le protestantisme est né dans l'Église latine, mais il n'en est pas moins contraire à l'Église grecque. Il est l'ennemi commun au même titre que le nestorianisme et l'eutychéisme, et même à plus de titres. En effet, les Nestoriens et les Eutychéens croient comme nous à la présence réelle dans l'eucharistie, qui est comme le fondement de notre culte. Il en résulte que les Grecs devraient se féliciter des progrès des catholiques chez les hérétiques orientaux, comme nous nous félicitons de ceux des orthodoxes, et redouter comme nous les progrès du protestantisme. Je crains cependant que ce ne soit pas là tout à fait le sentiment qui ait inspiré l'auteur russe que j'ai déjà cité, et auquel j'emprunterai encore quelques traits relatifs aux missions établies par les protestants chez les Nestoriens, à Ourmiah en Perse depuis 1835, et à Mossoul depuis 1840.

Je mentionnerai d'abord pour mémoire, d'après l'ouvrage du Rév. Southgate, une mission allemande qui fut envoyée à Tabriz, par la Société des missionnaires de Bâle, mais rappelée presque aussitôt après avoir commencé à enseigner le français et l'anglais à quelques jeunes gens du pays (1).

(1) *Narrative of a tour through Armenia, Kurdistan, Persia and Mesopotamia.* Londres, 1840, t. II, p. 8.

4

D'un autre côté, sur un rapport favorable de MM. Smith et Dwight, qui visitèrent les Nestoriens de la Perse au printemps de 1831, le Comité américain résolut d'envoyer une mission à Ourmiah. Cette mission fut fondée en 1835 par le Rév. Perkins et M. Asahel Grant, médecin, accompagnés de leurs femmes. Le Rév. Halladay et M. R. Stocking y arrivèrent en 1837, dans les mêmes conditions. Ils furent rejoints en 1839 par le Rév. Jones, et en 1840 par le Rév. Wright. La même année, un compositeur typographe apporta la première imprimerie européenne que l'on ait vue parmi les Nestoriens (1).

« Les missionnaires américains, dit M. Philippof, ont déjà
« réussi à exercer leur influence sur plus de la moitié des
« Nestoriens d'Ourmiah (Perse); mais ce n'est pas, comme
« quelques personnes le supposent, parce que les croyances
« nestoriennes se rapprocheraient des croyances protes-
« tantes.... L'Église nestorienne, surtout dans le rituel, se
« rapproche beaucoup plus des autres Églises apostoliques
« et surtout de la religion orthodoxe que du protestantisme.
« C'est donc à tort qu'on attribue le succès des missionnaires
« protestants à telle ou telle conformité dans les croyances.
« Il est plus naturel, selon nous, d'expliquer ce succès par
« la *prudence* des Américains, qui évitent les questions de
« dogme qui pourraient donner lieu à la controverse et à la
« discorde. Le but direct de ces missionnaires n'est pas la
« conversion, ce qui serait contraire à leurs principes sur la
« liberté de détermination et de conscience. Ils se conten-
« tent de secourir les malheureux sectaires et de pourvoir à
« leurs besoins matériels, moraux et civils. Au nom de la
« charité chrétienne, ils répandent parmi ces infortunés
« oubliés du monde (2) les lumières de la science et de la
« civilisation, laissant aux Nestoriens eux-mêmes le soin de
« s'entendre en toute liberté sur les questions de culte et les
« articles de foi. »

(1) Dr Asahel Grant. *The nestorian Christians or the lost tribes.* 3e édition, Londres, 1844, p. 3, 5 et 7. — Ainsworth. *Travels and researches in Asia minor, Mesopotamia, Chaldæa and Armenia.* Londres, 1842, t. II, p. 303.

(2) Les Nestoriens sont, nous assure M. Philippof, oubliés des Grecs et des Russes; mais ils ne le sont pas de l'Église romaine, comme nous le verrons plus bas.

J'interromps un instant la relation de M. Philippof pour laisser les protestants caractériser eux-mêmes leur attitude vis-à-vis les Nestoriens. « Les missionnaires allemands de la « Société de Bâle, dit M. Southgate, avaient évité sagement « toute controverse sur des sujets de doctrine, regardant cela « comme inopportun et inutile. Ils avaient plutôt confiance « dans l'extension graduelle de la science pour arriver aux « hauts et saints effets qu'ils espéraient que leurs travaux ob- « tiendraient à la fin (1). » Voici ce que dit le même auteur à propos de la propagande des Américains : « Les mission- « naires ne cherchent pas à renverser l'Église nestorienne ; « ils ne s'immiscent à aucun degré dans les pratiques reli- « gieuses de ces Orientaux. Ceux mêmes des Nestoriens qui « sont sous leur direction immédiate sont laissés libres de « célébrer les mystères selon le rite de leur Église, et d'en « observer les jeûnes et les fêtes. Les missionnaires leur de- « mandent seulement de recevoir la connaissance religieuse « tirée de la parole de Dieu, et une instruction séculière d'un « caractère pratique. C'est ainsi que cela doit être. C'est le « système le plus politique, aussi bien que le plus universel- « lement applicable. Il faut espérer que l'on y persévé- « rera (2). »

Je reprends maintenant la relation de M. Philippof :

« Quand les protestants américains pénétrèrent pour la « première fois, il y a de cela trente ans, dans le district « d'Ourmiah, ils n'y trouvèrent pas un seul exemplaire d'un « ouvrage imprimé quelconque. Les Nestoriens ne possé- « daient qu'en manuscrit les saintes Écritures et quelques « ouvrages sur la religion. Ils ont encore une grande véné- « ration pour certains exemplaires manuscrits de l'Écriture « sainte, lesquels n'ont pas moins de dix siècles...... Ils « doivent aux Américains l'établissement d'une typographie « où leurs livres sacrés ont été imprimés pour la première « fois (3).

(1) Tome II, p. 8.

(2) Tome Ier, p. 295. — Voir aussi Marshall, *Christian missions*, t. II, p. 111.

(3) Il n'en est pas de même des Chaldéens-unis, dont les livres liturgi- ques ont été imprimés à Rome en 1767, par les soins de la Congrégation de la propagande.

« Aujourd'hui ceux des habitants d'Ourmiah qui s'abs-
« tiennent de tout rapport avec les Américains, c'est-à-dire
« la moitié de ces sectaires, jouissent, comme les autres, des
« avantages de la diffusion des lumières. La typographie,
« montée par le zèle de généreux étrangers, met à leur dis-
« position les Livres saints, non-seulement en leur langue
« ancienne, mais traduits par les mêmes missionnaires en
« chaldéen moderne.

« Les Américains ont également fondé des écoles appro-
« priées aux besoins et à l'état moral des habitants dans
« toutes les localités où s'étend leur influence. En 1860, on
« en comptait plus de cinquante. Il y en a deux dans la ville
« d'Ourmiah pour les enfants de l'un et de l'autre sexe. Enfin
« à Syr-dag, ils ont établi une école centrale où l'on forme
« des maîtres destinés à répandre et à propager les connais-
« sances élémentaires tant dans la ville que dans les cam-
« pagnes.

« L'on doit aussi aux missionnaires protestants l'établis-
« sement d'une pharmacie qui fournit gratuitement des
« préparations et des remèdes. Un médecin attaché à cette
« pharmacie visite les pauvres malades sans exiger de retri-
« bution.

« Il va sans dire que, pour ce qui concerne les besoins
« ordinaires, les Nestoriens peuvent compter sur l'aide et les
« sympathies de leurs hôtes américains, qui leur fournissent
« des instruments aratoires, les outils en usage dans les
« divers métiers, des grains pour les semailles, etc., etc......
« Enfin, dans les démêlés des Nestoriens avec les autorités
« persanes...., ils trouvent un appui empressé dans les Amé-
« ricains, qui les couvrent de la protection efficace de
« l'Angleterre par l'ambassadeur de cette puissance à Téhé-
« ran (1). »

Il y a vingt ans, un correspondant, dont je ne me crois
pas autorisé à dire le nom, appelait déjà l'attention sur les
conséquences morales du système américain :

« Les missionnaires biblistes ont établi dans les villages
« nestoriens, situés sur la plaine d'Ourmiah, des écoles dont

(1) *Ruski Viestnik*, 1862, Moscou.

« ils payent non-seulement les maîtres, mais encore les
« élèves, auxquels ils donnent une petite rétribution pour
« les attirer. Ils payent aussi le clergé nestorien pour en
« obtenir a permission d'ouvrir les écoles..... Je suis loin
« de croire que ce système de largesse ait précisément pour
« but la corruption. Ces missionnaires sont personnellement
« des hommes honorables et ne voudraient pas acheter des
« conversions. Je crois aux honnêtes intentions de ces mes-
« sieurs, mais l'effet de leur système n'en est pas moins dé-
« plorable..... Les Nestoriens ne vont, en effet, aux écoles
« que pour recevoir l'argent qu'on leur donne, et le clergé
« ne le permet que parce qu'on le paye. Cela répand par-
« tout une habitude de corruption qui détruit tout sentiment
« religieux et met les plus grands obstacles à toute conver-
« sion sincère (1).

« Je dois dire, du reste, que les missionnaires biblistes de
« Mossoul étant américains, il ne se mêle à leur haine du
« catholicisme rien de politique; ils poursuivent leur but
« uniquement pour faire triompher ce qu'ils croient être la
« vérité. »

Mais il n'en fut pas de même de la mission anglicane puséiste, qui vint s'établir en 1843 à Mossoul, et dont le prédi-
cant était M. Badger, auteur du grand ouvrage intitulé : *The
Nestorians and their rituals*. Ce missionnaire paraissait, au
contraire, s'être donné ou avoir reçu la tâche de combattre
l'influence française et de mettre obstacle au bien que le
consul de cette puissance et les missionnaires catholiques
pouvaient faire autour d'eux.

Le même correspondant attribue aussi à cette mission
un caractère qui mérite d'être signalé : « J'ai la conviction,
« dit-il, que l'envoi de ce missionnaire à Mossoul se rattache
« à un plan formé, à ce qu'il paraît, par l'Église anglicane
« pour étendre son influence en réunissant autour d'elle
« toutes les Églises séparées de l'Église romaine, mais ayant
« conservé la succession apostolique des évêques. C'est, en
« effet, l'unique but des prédications de ce ministre. Avec

_____

(1) On trouvera des détails intéressants sur le genre de vie des missionnaires protestants et sur leur système de gratifications pécuniaires dans le
deuxième volume de Marshall : *Christian missions*, p. 116 à 118.

« les chrétiens de ce pays, il est aussi accommodant qu'il
« est possible de l'être sur les dogmes, pourvu qu'ils se sé-
« parent de la communion romaine et cessent de reconnaître
« la suprématie du Pape. Avec cette condition, ils sont ad-
« mis dans la nouvelle Église orientale fondée par l'Angle-
« terre, quelle que soit la discordance de leurs dogmes. Ce
« système de propagande, appuyé par de hardies promesses
« de protection et par des largesses plus certainement cor-
« ruptrices que celles des Américains, est très-dangereux ici,
« parce qu'il laisse intacts les dogmes et les antiques céré-
« monies des Orientaux, tout en flattant leur orgueil. Ce-
« pendant, il n'a eu jusqu'ici qu'un médiocre succès. »

M. Badger porta au patriarche nestorien une lettre de l'archevêque de Cantorbéry et lui promit la protection du gouvernement anglais. Il ajouta que l'ambassade britannique le
ferait reconnaître comme chef de la nation nestorienne et le
protégerait contre les attaques des Curdes et contre la rapa-
cité des fonctionnaires turcs. Le patriarche écrivit à M. Badger
une lettre pour l'ambassadeur et une autre pour l'archevêque de Cantorbéry, dans lesquelles il implorait la protection de l'Angleterre.

La mission anglicane puséiste ne resta à Mossoul que
jusqu'à la fin de de 1844. La protection accordée par l'archevêque de Cantorbéry et l'évêque de Londres à cette secte
avait causé du scandale en Angleterre. Les Américains qui
avaient abandonné momentanément Mossoul et leur établissement d'Ashita, auprès de Djulamerk, revinrent vers 1848
en Mésopotamie. Ils ont cherché à plusieurs reprises à fonder des missions dans le Kurdistan turc, mais sans beaucoup
de succès. En 1857, il y avait à Mossoul une cinquantaine
de Chaldéens ou de Jacobites qui avaient adhéré plus ou
moins sincèrement au protestantisme. L'on nous mande de
cette ville, en 1863, que les missionnaires protestants sont
partis depuis environ deux ans. En Perse, où les Américains
ont résidé sans interruption depuis 1835, leur mission a eu
plus de succès ou du moins plus d'éclat, mais sans péné-
trer profondément dans les consciences.

« Finalement, dit l'auteur de *Christian missions*, combien
« de conversions ont été réellement obtenues au bout de

« trente ans, pour une énorme dépense de plus de trois cent
« mille livres sterling? D'après les paroles du docteur Wa-
« gner, un témoin capable et favorable aux missionnaires
« protestants, si nous exceptons quelques juifs gagnés par
« des motifs de lucre, ces dispendieux établissements n'ont
« pas fait de conversion. Les missions américaines ne peu-
« vent pas même se vanter d'avoir obtenu de splendides ré-
« sultats sous le rapport de l'amélioration des mœurs, de l'in-
« fluence des bons exemples et du progrès de la civilisation.
« Même M. Perkins admet cela (1). »

Comme l'indique naïvement M. Philippof, les Américains
font preuve de *prudence en évitant les questions de dogme*, et
il leur en a coûté d'être sortis quelquefois de cette réserve.
Voici ce qu'écrivait d'Ourmiah, le 7 août 1844, M. Rouge,
missionnaire lazariste : «Quand on nous a eu chassés d'Our-
« miah, les Américains ont pensé qu'ils étaient dorénavant
« maîtres absolus du terrain, qu'ils n'avaient plus rien à
« craindre et qu'ils pouvaient répandre en toute liberté et
« sans ménagement aucun leurs funestes doctrines et leur
« puritanisme. Les évêques nestoriens ont été convoqués
« avec les plus distingués des Chaldéens non catholiques. On
« leur a prêché dans cette réunion la doctrine américaine
« dans toute sa crudité. La croix, la Sainte Vierge, la messe,
« le jeûne, la prière, les sacrements, toutes les pieuses pra-
« tiques chrétiennes, en un mot, ont été traitées de fables
« absurdes. Mais mal en a pris aux audacieux prédicants.
« Les Nestoriens ne sont pas hommes à entendre de sang-
« froid de pareils discours. Les Américains ont eu beau
« faire valoir leur généreuse libéralité : *Nous avons déjà*
« *dépensé*, leur disaient-ils, *plus de quarante mille tomans*
« *pour vous faire embrasser notre religion, et vous êtes encore*
« *attachés à vos superstitions. Le moment est cependant venu*
« *où vous devez abandonner l'ignorance ancienne pour embras-*
« *ser la religion du cœur.* Peu touchés de cet argument, les
« Nestoriens répondirent : *Eussiez-vous dépensé tout l'or de*
« *l'Amérique, nous ne voudrions pas embrasser une religion*
« *qui est le renversement de toute religion.* Cela dit, ils saluè-

(1) Marshall, t. II, p. 118.

« rent messieurs les Américains et coururent aussitôt à leurs
« écoles qu'ils détruisirent de fond en comble. L'école
« même des filles établie à Ourmiah sous la direction des
« femmes des missionnaires américains ne fut pas épar-
« gnée... Un évêque même, accusé par ses coreligionnaires
« de leur être trop intimement attaché, a été excommunié
« par les frères du patriarche nestorien. » Les Américains
n'avaient pas fait beaucoup de progrès sous ce rapport en
1859. Voici ce qu'écrivait à cette époque un autre missionnaire lazariste : «Le protestantisme, qui se couvrait autre-
« fois d'un voile hypocrite, et qui se présentait, non pour
« introduire une religion nouvelle, mais uniquement pour
« protéger l'ancienne contre le catholicisme, a cru pouvoir
« enfin jeter le masque. Or, il est arrivé que beaucoup de
« personnes qui fréquentaient volontiers les prêches protes-
« tants, ont reculé d'épouvante quand on leur a demandé
« une adhésion franche et pratique. Cela n'empêche pas que
« la mission protestante n'ait encore une grande apparence
« de prospérité. Je dis apparence, car, dans le fond, les
« adhésions sincères sont peu nombreuses. Parmi les adeptes
« salariés, on trouve peu de monde qui ne regarde le soup-
« çon de protestantisme comme une injure et qui ne se hâte
« de s'en laver.... L'année dernière, les missionnaires du
« Nouveau-Monde voulurent forcer leurs adhérents à faire
« profession pratique du protestantisme, ce qui veut dire
« à manger de la viande pendant le carême et autres jours
« défendus. Or, après des informations minutieuses person-
« nelles prises sur les lieux, nous pûmes compter une cen-
« taine de personnes qui avaient consenti à enfreindre les
« lois rigoureuses de l'abstinence nestorienne. Plusieurs
« même de ceux qui reçoivent une rétribution mensuelle,
« s'y refusèrent nettement (1). »

(1) *Annales de la congrégation de la mission*, t. X, p. 84; t. XXIV,
p. 431 et 436.

XIII

Les villages nestoriens du Curdistan turc sont dispersés dans les hautes montagnes au milieu desquelles coule le grand Zâb, l'un des affluents orientaux du Tigre. Le territoire de ces chrétiens est vaguement borné au nord-ouest par le versant méridional de la vallée du Khabour, — au nord, vers les sources du Zâb, par le pays des Curdes Hakkiari, — à l'est par le territoire persan, — et au sud par les vallées où se trouvent les villes d'Amédéah et de Revandouz.

L'escarpement et l'élévation du terrain y restreignent la culture. Aussi l'on y vit principalement de l'élève des troupeaux. Quelques mines de fer et de plomb y sont aussi exploitées. L'on y recueille la noix de galle, qui s'expédie à Mossoul et en Perse.

Les Nestoriens sont divisés en plusieurs tribus. La plus importante, la plus pure de tout contact avec les Curdes et la seule qui ait réellement été indépendante jusqu'en 1843, est celle des Tyari, qui occupe les deux rives du Zâb au nord d'Amédéah.

Les Tyari avaient une sorte de chef que le docteur Grant visita en 1839, et M. Ainsworth en 1840 (1). Ces deux voyageurs lui donnent le titre de Melek, c'est-à-dire chef ou roi.

______

(1) Tome II, p. 239.

« Par la vertu de sa charge, dit M. Grant, il a une influence
« importante parmi son peuple, quoique son office soit plutôt
« amiable et paternel que judiciaire ou impératif. La suprême
« autorité civile aussi bien qu'ecclésiastique, parmi ces tribus
« indépendantes, appartient au patriarche (résidant à Kot-
« channès) qui occupe pour ces peuples une position ana-
« logue à celle du grand-prêtre chez les anciens Hébreux;
« et leur gouvernement a une frappante analogie avec celui
« de cette théocratie primitive. L'assemblée des anciens se
« réunit toujours, mais sans beaucoup de formalité. La ven-
« geance du sang est toujours la forme de la justice dans les
« offenses capitales, et l'offenseur trouve dans les églises
« respectées tous les avantages des anciennes cités de re-
« fuge. Le bannissement, non-seulement des priviléges de
« l'Église, mais de la société, est la forme ordinaire de pu-
« nition sévère infligée par le patriarche, et cet exil est gran-
« dement craint par le peuple.

« Jouissant d'un revenu modeste, le patriarche vit d'une
« manière tout à fait patriarcale. Deux frères et une jeune
« sœur d'environ vingt-deux ans forment toute sa mai-
« son. »

Les tribus autres que celle des Tyari sont plus ou moins
parsemées de villages curdes et musulmans, et l'indépen-
pendance ne paraît pas y avoir été jamais complète.

Voici, d'après M. Ainsworth (t. II p. 285), les noms de ces
tribus : 1° Tyari; 2° Tobi; 3° Jellawi; 4° Piniyaniski; 5° Al-
Toshi; 6° Al-Toshi-Bashi; 7° Bazi; 8° Sati; 9° Oramari; 10°
Djulamergi; 11° Gelu; 12° Diz; 13° Silyahi; 14° Berouari.
Nous parlerons bientôt des Tehoma; M. Ainsworth croit que
ce sont les mêmes que les Al-Toshi (1). Il estime le nombre
des Nestoriens de ces montagnes à 27,000.

Les écrivains anglais et américains donnent une idée assez
avantageuse des mœurs de ces chrétiens. Ainsi M. Grant
reconnaît (page 66) qu'il n'y a pas de voleurs. « Je ferais,
« dit M. Ainsworth (tome II, page 283) une grande injustice
« à ces montagnards, si je ne reconnaissais pas qu'ils sont
« supérieurs en intelligence et en valeur morale aux habi-

(1) Cette énumération diffère de celle donnée par M. Boré, *Correspondance et mémoires d'un voyageur en Orient*, t. II, p. 243.

« tants chrétiens ou musulmans de ces mêmes classes en
« Anatolie, en Syrie et en Mésopotamie. Il n'y a pas de doute
« que, comme race, ils sont plus vifs, plus impression-
« nables, plus ouverts, plus candides, plus sincères et plus
« courageux que les habitants des contrées sus-mentionnées.
« Leur port est droit, mais sans l'arrogance des Turcs. Leur
« œil est ferme, mais sans cruauté, leur front ample et haut,
« sans un seul nuage de défiance ou de mauvais senti-
« ments. »

Le docteur Grant trace le tableau suivant des femmes de
ces montagnards :

« Les femmes paraissent être propres, laborieuses et fru-
« gales, et elles sont remarquablement chastes, sans la fausse
« affectation de modestie qu'on voit trop souvent dans
« ces contrées. Deux jeunes femmes mariées de la maison
« où nous étions vinrent dans la soirée, et, en présence de
« leurs maris, se joignirent à notre société... Elles furent très-
« étonnées d'apprendre que nos femmes américaines négo-
« cient elles-mêmes leurs engagements matrimoniaux et
« surtout que les pères les accordent sans recevoir une
« somme en payement. Leur habillement est propre et conve-
« nable. Elles tressent leurs cheveux et ne portent que peu
« d'ornements. Leur forme est gracieuse, leur expression
« agréable et leur teint aussi beau que celui de beaucoup d'Eu-
« ropéennes quand elles ne sont pas gâtées par l'exposition
« au soleil et par la fumée de leurs habitations. Les femmes
« ne mangent pas avec les hommes, mais, au lieu de recevoir
« les restes, comme c'est très-commun en Orient, une por-
« tion séparée est réservée pour elles, et, à tous égards, elles
« sont plus traitées avec considération et en compagnes de
« l'homme que dans la plupart des contrées de l'Asie.
« Qu'elles deviennent aussi intelligentes et pieuses qu'elles
« sont frugales, actives et vertueuses, et elles s'élèveront
« bientôt à l'influence et seront une bénédiction et un orne-
« ment de leur sexe dans ces contrées où règne la nuit. La
« nature a été bonne envers elles et leur esprit est susceptible
« de la plus haute culture. Elles supporteront la comparai-
« son avec les femmes de tout autre peuple. Leurs enfants
« sont propres et actifs, et on les laisse grandir sans direction.

« Les affections des Nestoriennes pour leurs parents est forte
« et elles ont un chaleureux attachement au cercle de leur
« famille (1). »

L'ouvrage du docteur Grant est destiné à prouver que ces
chrétiens sont les descendants des tribus perdues d'Israël.
Cette opinion n'a pas prévalu jusqu'à présent.

Les Nestoriens du Curdistan ont réussi à se maintenir
longtemps indépendants, grâce à la faiblesse du gouvernement turc et aux divisions des tribus curdes avoisinantes.
Vers 1840, il commença à se former contre eux une coalition
dont le chef s'appelait Beder-Khan.

Depuis que les Turcs avaient réduit les beys de Revandouz
et d'Amédéah, et établi une ombre d'autorité dans le Curdistan, Beder était devenu le principal personnage de ce pays.
Descendant des anciens califes Abassides, il jouissait d'une
immense influence sur l'esprit de sa nation. Soit par adresse,
soit par crainte, il était parvenu à grouper autour de lui tous
les émirs curdes et à en former une sorte de confédération.
L'ordre qu'il faisait régner sur son territoire, la douceur et
la parfaite justice de son gouvernement toutes les fois que sa
haine contre le christianisme n'était pas en jeu, avaient
attiré auprès de lui des fugitifs de toutes les provinces en-
vironnantes. Beder puisait une partie de sa force dans le
contraste entre son administration et celle des gouverneurs
turcs. C'est l'intolérable oppression de ceux-ci qui avait dé-
peuplé leurs provinces et forcé les habitants à se retirer quelquefois en masse sur un territoire où les chrétiens eux-
mêmes, dans tout ce qui ne touche pas à la religion, trouvaient aide et protection.

Voici ce qu'écrivait un agent français, le 11 juillet 1845 :
« Après un trajet de cinquante lieues environ en des-
« cendant le Tigre à partir de Diarbékir, l'on est frappé tout
« à coup du contraste qu'offre le pays. La culture est plus
« soignée, les villages, mieux construits, paraissent jouir de
« plus d'aisance. C'est le territoire de Beder-Khan. Beder-
« Khan paye 250,000 piastres de tribut à la Porte. Son pays
« est bien gouverné. C'est un prince sévère, mais équitable.

(1) Pages 53 à 69. — Voir aussi *Niniveh and its remains*. Londres, 1861,
p. 138.

« Aussi règne-t-il sur son territoire une sécurité parfaite et
« une apparence de bien-être qu'on chercherait vainement
« dans les provinces voisines soumises à l'autorité turque.
« J'ai visité plusieurs villages chaldéens soumis à Beder-
« Khan, et j'ai pu me convaincre qu'ils sont généralement
« contents de leur condition. Seulement ils ne jouissent pas
« d'une aussi grande tolérance religieuse que dans les États
« du Sultan. »

Beder-Khan était chef héréditaire des Curdes du Bohtan,
pays situé entre le Tigre et le Khabour, et gouverneur, pour
les Turcs, du district de Djeziré; quoique payant un tribut,
il était indépendant de fait. Poussé par des mollahs fana-
tiques, il avait juré la destruction des Nestoriens indépendants. A cet effet, il s'était allié avec les gouverneurs
turcs et avec le chef des Hakkiari, Nour-Allah-Bey, le plus
puissant, après lui, des émirs curdes.

Une première expédition a lieu en 1843. Les Tyari ne
justifient pas, en cette occasion, leur antique réputation de
bravoure. Après quelques tentatives de résistance, après
qu'ils ont perdu beaucoup des leurs et que beaucoup de
familles ont été réduites en esclavage, ils sont obligés de se
soumettre. Dès le début des hostilités, le patriarche nestorien
s'était réfugié à Mossoul, où il s'était placé sous la protection
anglaise. Il y resta assez longtemps et s'échappa, cependant,
dès que l'occasion s'en présenta, pour se réfugier en Perse.

Après avoir reçu cette première soumission des Tyari,
Beder-Khan avait laissé chez eux un de ses officiers, nommé
Zenar-Bey. Mais aussitôt après le retour de Beder-Khan à
Djeziré, les Nestoriens se sont soulevés, ont menacé les
Curdes épars dans les villages, et ont assiégé Zenar-Bey auprès d'Ashita, principal village des Tyari. Beder-Khan envoya
alors dans les montagnes une nouvelle expédition dont le
résultat a été le massacre de la tribu des Tyari, à laquelle
aucun quartier n'a été accordé. Les villages ont été brûlés,
les troupeaux pillés, les moissons détruites, les habitants
tués, à l'exception d'un petit nombre qui a pu fuir, et des
femmes et enfants réduits en esclavage. Dix jeunes filles se
jetèrent d'un pont dans le Zâb pour échapper au déshon-
neur. L'on évalue à dix mille le nombre des victimes. Le doc-

teur américain Grant, dont j'ai cité souvent la relation, mourut du typhus, en soignant de cette maladie des Nestoriens réfugiés dans sa maison.

La tribu de Diz avait été déjà réduite au commencement de la guerre; celles de Bazi, de Gelu et de Tehoma n'avaient point souffert, mais elles étaient tributaires des Curdes depuis longtemps. Aussi la défaite des Tyari, en 1843, a-t-elle consommé la ruine de l'indépendance des Nestoriens.

Le consul de France, nouvellement arrivé, chargea l'évêque catholique d'Amédéah, Joseph Audo, de porter des secours aux victimes. Ce sont les premiers rapports de la France avec les Nestoriens; ils ont été noués par M. Botta, un homme dont le nom est aussi cher à la diplomatie qu'à la science. M. Steevens, consul anglais de Samsoun, envoyé en mission, réussit à faire délivrer beaucoup de prisonniers. Il alla voir Beder-Khan, qui le reçut gracieusement et rejeta la faute de l'agression sur les Nestoriens.

A la fin de l'année 1845, le sort des Nestoriens restés dans la montagne n'était rien moins que satisfaisant. Beder-Khan les tourmentait de nouveau, et l'oppression en avait forcé un grand nombre à émigrer. En 1846, Beder-Khan exigea des Nestoriens une somme qu'ils étaient incapables de payer. Il faisait les menaces les plus atroces. Il détruira tout, rien ne pourra fléchir son courroux. C'est à cette époque qu'eut lieu dans le district de Tehoma un massacre, qui rappela toutes les horreurs de celui des Tyari en 1843. Les Tehoma, conduits par leurs melek, essayèrent de résister, mais ils furent accablés par le nombre. Les femmes furent massacrées de sang-froid. Les Curdes détruisirent les églises, les maisons, les vergers. Les membres les plus instruits du clergé nestorien périrent dans le désastre.

Cependant l'indépendance réelle de Béder, qui bravait ouvertement l'autorité du Sultan et les représentations des ambassadeurs chrétiens à Constantinople, avaient appelé l'attention de la Porte sur le Curdistan. L'on résolut à Constantinople d'achever la soumission de cette province par la perte de Beder-Khan; mais l'émir curde paraissait se soucier fort peu des intentions de la Turquie. Pendant que des forces étaient rassemblées pour le combattre, il fit avancer son lieutenant Zenar-Bey, en mars 1847, dans une position qui coupait toute retraite aux chrétiens. Le consul anglais de Mossoul, M. Rassam, s'avisa d'inviter Beder-Khan à venir s'expliquer dans cette ville. Sa lettre fut foulée aux pieds. Ni la défection d'un des principaux émirs nommé Ardéchir-Bey, ni celle de quelques chefs religieux, n'ébranlèrent la résolution du fier Curde.

Les hostilités avaient commencé en juin 1847, sous la conduite d'Osman-Pacha : elles tournèrent à l'avantage des Turcs. Repoussé sur tous les points et acculé aux dernières montagnes du Curdistan, Beder s'était renfermé dans le château d'Aurak, situé au milieu de rochers escarpés sur l'une des plus hautes cimes du pays. L'armée turque éprouva les plus grandes difficultés à arriver jusqu'à Aurak. Le transport des pièces de siége exigea des efforts inouïs. Osman-Pacha, reconnaissant l'impossibilité d'enlever la place d'assaut, commença un bombardement auquel les Curdes n'avaient pas les moyens de répondre vigoureusement. Après quarante-huit heures de feu, une bombe fit sauter la poudrière. Beder-Khan, voyant l'impossibilité de résister plus longtemps, fit ouvrir les portes et se rendit à Osman-Pacha. Il fut exilé à Candie, où il se trouve encore et où il touche une pension du gouvernement turc. S'il n'avait ordonné tant d'atrocités contre les chrétiens, il aurait certainement droit à nos sympathies par ses qualités extraordinaires et comme étant une des plus brillantes victimes de la centralisation administrative. Après sa défaite, l'autorité turque s'établit sans difficulté dans le Curdistan, où les populations surchargées d'impôts et décimées par le recrutement regrettent leurs anciens émirs. En effet, les chefs héréditaires étaient plus intéressés à leur bien-être que les pachas, qui s'y renouvellent tous les deux ou trois ans, et n'aspirent qu'à en tirer par tous les moyens possibles l'argent nécessaire à rembourser ce que leur a coûté leur nomination à ces postes (1).

(1) Les informations qui précèdent sont tirées, 1° de la correspondance des consuls de France à Mossoul, 2° de l'ouvrage intitulé : *Niniveh and its remains*, par Layard, qui a parcouru le Curdistan turc, entre le massacre des Tyari et celui des Tehoma.

XIV

Les premiers rapports de l'Église romaine avec les Chaldéens remontent au pontificat de Grégoire IX. Vers 1233, les Frères-Prêcheurs, qui parcouraient l'Orient pour y rétablir l'intégrité de la foi, et entre autres Guillaume de Montferrat, disciple de saint Dominique, vinrent trouver le catholicos Sebarjésus III à Bagdad, d'où ils annoncèrent au Pape que la doctrine de ce pontife leur paraissait conforme à celle de l'Église catholique. Grégoire IX écrivit à Sébarjésus en le félicitant de l'orthodoxie qu'il professait devant les Frères-Prêcheurs (1).

En 1247, Makika II, successeur de ce dernier, fit adresser une lettre au pape Innocent IV, pour lui demander de le recevoir dans la communion du Saint-Siége. Voici la traduction de cette lettre qui fut apportée par André de Lonjumeau, de l'ordre des Frères-Prêcheurs, et qui est écrite au nom du catholicos par le Rabban-Ara.

« Au Pape magnifique, de la part de celui qui demande
« ses prières en aide à sa faiblesse, le Rabban-Ara, vicaire de
« l'Orient, prosterné devant lui ; au Père des Pères, à celui
« qui est l'honneur des pasteurs, la miséricorde de la vie,
« la source de la piété et de l'indulgence, qui intercède pour
« le peuple de Dieu, qui est parfait dans les choses divines,

____

(1) *Oriens christianus*, t. II, p. 1148.

« excellent dans les choses spirituelles ; au soleil de justice
« dont la lumière se répand sur les quatre climats du monde,
« qui brille et resplendit dans les saintes Églises catholi-
« ques ; à ce chérubin corporel, à ce séraphin en chair, qui
« occupe le siége du bienheureux Pierre, à notre Seigneur
« le très-saint Pape de Rome et de tous les climats du
« monde devant Dieu, etc., etc..... Les religieux envoyés
« par nous, André et son compagnon, vous notifieront de
« vive voix ce qu'ils ont vu et entendu chez nous. Par les
« mains de ces Frères, nous envoyons un petit écrit que nous
« avons apporté du fond de l'Orient, c'est-à-dire de la
« Chine, et un autre livre sur la foi qui est de l'archevêque
« de Nisibe, auquel ont souscrit deux autres archevêques et
« trois évêques.

« Nous vous demandons une faveur pour l'archevêque de
« Jérusalem qui est de notre nation et pour ceux de nos
« frères les chrétiens orientaux qui habitent à Antioche, à
« Tripoli, à Accon et autres lieux qui vous sont soumis (c'é-
« tait pendant que les croisés occupaient ce pays). C'est que
« vous recommandiez que personne ne les persécute, et
« qu'ils soient traités par vous d'après cette parole de N.-S.
« Jésus-Christ : *Ce que vous aurez fait à un des plus petits
« d'entre les miens,* etc., etc. » La profession de foi dont il
est ici question, a été conservée. « Plaise à Dieu, s'écrie le
Père Lequien, qu'elle eût été irréprochable et vraiment digne
d'oreilles catholiques (1) ! »

Nous voici arrivés au catholicat de ce Jaballaha III, dont
j'ai raconté plus haut le pèlerinage à Jérusalem par procuration d'un prince des Tartares. En 1288, le pape Nicolas IV
avait envoyé à Bagdad quelques Frères-Mineurs. Jaballaha
les accueillit avec bienveillance, et reçut la profession de
foi qu'ils avaient portée pour la faire connaître au peuple.
En 1304, ce catholicos écrivit lui-même au pape Benoît XI,
par un dominicain nommé Jacques. Cette lettre commence
ainsi : « Au nom du Père et du Fils et du Saint-Esprit. Au
« très-saint Père notre Seigneur Benoît. Un étranger, qui

(1) Raynaldus, ad 1247, nᵒˢ 32 et 43, cité dans *Oriens christianus*, t. II,
p. 1149. — Pour la condition des Nestoriens de la Palestine, consulter les
Assises de Jérusalem, publiées par le comte Beugnot et notre chapitre X.

« est d'un pays lointain, Jaballaha, qui, par la grâce de
« N.-S. Jésus-Christ, a été fait catholicos et patriarche de tout
« l'Orient, demande à votre Sainteté sa bénédiction et s'incline
« devant vous avec une humble salutation dans la charité de
« N.-S. Jésus-Christ; au Père surabondant en sainteté, excel-
« lent par les dons spirituels, au vicaire de N.-S. Jésus-Christ
« sur toute la foi chrétienne, assis sur le siége du bienheu-
« reux apôtre Pierre, notre pasteur et patron ; au Père des
« Pères, au Roi des Rois, au très-saint pape Benoît, que
« Dieu a recouvert d'un vêtement très-saint et très-auguste ;
« que Dieu, par votre sainte prière, garde de toute adversité
« et tribulation tous ceux qui ont reçu sur le front le signe
« de la croix. » Même en faisant la part de l'emphase natu-
relle aux Orientaux, on voit, par cette lettre et par celle
qui précède, quelle haute idée les Orientaux se faisaient du
pontife de Rome au XIIIᵉ siècle. On ne peut attribuer un tel
langage qu'à la puissance encore vivante de la tradition
apostolique et à la conviction où l'on était dans tout l'Orient
de la supériorité du caractère dont le Pape est revêtu. A
l'époque dont on s'occupe ici, aucun intérêt mondain ne
pouvait déterminer le successeur de saint Thaddée à faire
ainsi sa soumission au successeur de saint Pierre. Ce n'était
pas un roi victorieux qui imposait cette attitude au catholicos, mais la voix d'un humble enfant de saint Dominique.
Jaballaha III continue ainsi : « Votre sainteté sait qu'un pieux
« et saint moine, Jacques, de l'ordre de saint Dominique (que
« Dieu le dirige et le confirme dans la voie qu'il a choisie !),
« est venu vers nous... Il nous a appris que le Dieu tout-
« puissant et très-pieux a conféré à Votre Sainteté (que Dieu
« garde et conserve) le don le plus grand de tous, c'est-à-
« dire le très-grand siége du trône apostolique, la paternité
« universelle de tous les évêques, le souverain pontificat sur
« tous les pontifes dans toute l'Église catholique et apostoli-
« que, etc., etc. »

Suit une profession de foi plus correcte que celle de Makika II, surtout en ce qui concerne la personne du Christ et
la sainte Vierge. « Voici notre foi relativement à Notre-
« Seigneur Jésus-Christ. Nous croyons qu'il est un Dieu com-
« plet et un homme complet en une seule personne, tout en-

« tier avec son père et tout entier dans sa mère. Noùs confes-
« sons que Notre-Dame la sainte Vierge Marie a conçu et
« a enfanté notre Dieu et Seigneur Jésus-Christ, qui est un
« homme parfait et uni à un Dieu parfait. » (1)

Jusqu'au milieu du xvie siècle, l'on ne voit pas clairement
quelles ont été les conséquences de ces premiers rapports.
Avant de reprendre en 1552 la suite des actes des catholicos, je dois m'arrêter à la réunion partielle des Nestoriens
de Chypre qui a eu lieu en 1445.

(1) Raynaldus, ad 1288 ; idem, ad 1304, no 23, cité par Lequien, *Oriens
christianus*, t. lJ, p. 1152 et suiv.

XV

Parmi les vingt-cinq provinces connues du catholicat nestorien, celle de Damas comptait les six siéges épiscopaux suivants : Damas, Alep, Jérusalem (devenue plus tard métropolie), Mambeg, Mopsueste, et enfin Tarse et Malatie, dans la juridiction de laquelle se trouvait l'île de Chypre. A l'époque du concile de Florence, ce dernier siége était occupé par un prélat nommé Timothée (1).

A l'exemple des Grecs, des Arméniens et des Jacobites, Timothée se réunit à l'Église de Rome. Bien que cette union ne se soit pas étendue aux autres Nestoriens, je rapporterai ici la bulle d'Eugène IV où elle est consignée, et voici pourquoi. L'époque du concile de Florence est celle où les questions de dogme et de discipline entre Rome et les Églises orientales ont été discutées de la manière la plus approfondie, comme on peut le voir à propos des Grecs (2), dont le *Bulletin des Pèlerinages* a donné intégralement l'acte d'union. Je suivrai la même méthode à l'égard des autres communions dans la suite de ce travail, où il me paraît indispensable de consigner les bases qui ont été adoptées au XVe siècle librement et d'un commun accord pour arriver à union entre toutes les Églises.

(1) *Oriens christianus*, t. II, p. 1292.
(2) *Bulletin de l'Œuvre des Pèlerinages*, janvier 1861.

Dans l'acte qui va suivre, le lecteur sera certainement étonné de trouver l'évêque des Maronites accolé au Nestorien Timothée, et de voir mentionner ici l'hérésie des Monothélites, qui est l'opposé de celle de Nestorius. Cette circonstance s'expliquera de soi-même lorsque nous traiterons de l'histoire religieuse des Maronites. Si j'en parlais même incidemment, je craindrais d'introduire un élément de confusion dans l'histoire déjà si compliquée d'une hérésie comme celle de Nestorius dont il faut suivre l'histoire dans tant de pays différents. Je prie donc le lecteur de refuser complétement son attention, pour le moment, à ce qui, dans le document suivant, concerne le monothélisme des Maronites, et de la prêter tout entière à Timothée et à ses Nestoriens.

Bulle d'Eugène IV. — « Pour la mémoire perpétuelle de la « chose : Béni soit Dieu, le Père de N.-S. Jésus-Christ, le « Père des miséricordes, le Dieu de toute consolation, qui, « par de nombreuses et grandes faveurs, réalise de jour en « jour et fait heureusement réussir au delà de nos mérites « les vœux et les pieux désirs avec lesquels, comme il « appartient à notre fonction pastorale, nous inspirons « et, autant qu'il nous est permis d'en haut, nous ranimons « par des soins continuels le salut du peuple chrétien.

« Après la réunion de l'Église grecque avec l'Église d'Oc« cident proclamée au concile de Florence, après la soumis« sion, qui a suivi, des Arméniens, des Jacobites et des « peuples de la Mésopotamie, nous avons envoyé André, « archevêque de Colosse, vers les Pères d'Orient et dans « l'île de Chypre pour que, par ses prédications, ainsi que « par la publication et l'exposition des décrets rendus pour « leur union et soumission, il confirmât dans la foi reçue « les Grecs, les Arméniens et les Jacobites qui y sont établis. « J'avais également chargé ce vénérable frère de s'efforcer « de ramener à la vérité de la foi les gens des autres sectes « éloignés de la vraie doctrine et sectateurs soit de Nestorius, « soit de Macaire (les Monothélites), qu'il y trouverait en les « avertissant et en les exhortant en notre nom. Comme il « s'appliqua soigneusement à ce but, il réussit, grâce à la « sagesse et aux autres vertus dont le Dieu dispensateur de

« toutes les grâces l'a orné, à convertir, avec l'assistance
« divine, à la vérité de la foi orthodoxe nos vénérables frères
« Timothée, métropolitain des Chaldéens de Chypre (lesquels
« étaient appelés jusqu'à présent Nestoriens, parce qu'ils sui-
« vaient Nestorius) et Élie, évêque des Maronites de Chypre,
« qui, avec sa nation, était attaché aux opinions de Macaire.
« Après des discussions diverses et multipliées, après des ten-
« tatives variées, il a d'abord réussi à éliminer des cœurs de
« tous les Nestoriens l'opinion impie de Nestorius qui affir-
« mait que le Christ est purement un homme et que la Vierge
« bienheureuse est la mère, non de Dieu, mais seulement de
« ce Christ humain ; il a éliminé ensuite des cœurs de tous les
« Monothélites l'opinion de l'impie Macaire d'Antioche, le-
« quel, quoiqu'il professât que le Christ est véritablement Dieu
« et homme, prétendait, en n'attribuant presque rien à son
« humanité, qu'il y avait seulement dans le Sauveur la volonté
« divine et l'opération divine. L'archevêque de Colosse con-
« vertit ces évêques et avec eux la multitude de tous les chré-
« tiens et des clercs relevant d'eux dans l'île de Chypre. Notre
« vénérable frère leur livra la foi et la doctrine que la sainte
« Église a toujours cultivées et observées. Et lesdits évêques
« acceptèrent cette foi et cette doctrine avec une grande
« vénération, dans une assemblée publique et nombreuse des
« diverses nations existant dans l'île, qui eut lieu dans l'église
« métropolitaine de Sainte-Sophie. Après cette acceptation,
« les Chaldéens envoyèrent jusqu'auprès de nous leur mé-
« tropolitain Timothée, et les Maronites un nonce de leur
« évêque Élie, pour émettre une profession solennelle de la
« foi de l'Église romaine, laquelle foi, par la providence de
« Dieu et l'appui du bienheureux apôtre Pierre, est toujours
« restée sans tache. Et en notre présence, le métropolitain
« Timothée, avec révérence et dévotion, a professé comme
« il suit sa foi et sa doctrine exprimées par lui en sa langue
« chaldéenne, interprétées ensuite en grec, et enfin traduites
« du grec en latin.

« PROFESSION DE FOI. — *Moi, Timothée, archevêque de Tarse,*
« *métropolitain des Chaldéens qui sont dans l'île de Chypre,*
« *pour moi et la totalité de mon peuple existant dans l'île de*
« *Chypre, je professe, je fais vœu et je promets au Dieu im-*

« mortel, *au Père, au Fils et au Saint-Esprit, enfin à toi,*
« *très-saint et bienheureux Père, Eugène IV, Pape et à ce*
« *Sacro-Saint-Siége Apostolique et à cette sainte et véné-*
« *rable réunion que je resterai toujours en tout sous l'obé-*
« *dience de toi et de tes successeurs et de la sacro-sainte Église*
« *romaine, comme sous la mère unique et la maîtresse de toutes*
« *les Églises.* De même que, en outre, je tiendrai toujours et je
« professerai que le Saint-Esprit procède du Père et du Fils,
« comme l'enseigne et le tient la sainte Église romaine, de
« même et en outre (1), je tiendrai et j'approuverai qu'il y a
« dans le Christ *deux natures, deux volontés,* une seule
« hypostase (personne) et *deux opérations, et j'approuverai*
« *tous les sept sacrements de l'Église romaine de la manière que*
« *cette Église les tient, les enseigne et les prêche.* De même, que,
« en outre, jamais dans la sainte Eucharistie je ne mettrai
« de l'huile; *de même, que, en outre, je tiendrai toujours, je*
« *prêcherai et j'enseignerai tout ce que la sainte Église romaine*
« *confesse, enseigne et prêche; tout ce que cette même Église*
« *réprouve, anathématise et condamne, je le réprouve, je l'ana-*
« *thématise et je le condamne* et spécialement les impiétés et
« les blasphèmes de l'impur hérésiarque Nestorius, *et toute*
« *autre hérésie s'élevant contre cette sainte, apostolique et catho-*
« *lique Église. Telle est, Saint-Père, la foi que je fais vœu et*
« *promesse de tenir et d'observer moi-même et de faire tenir*
« *et observer par tous ceux qui sont placés sous moi; et qui-*
« *conque renierait cette foi, s'élèverait contre cette foi, je pro-*
« *mets, je m'engage et je m'oblige à le priver de tous ses béné-*
« *fices, à l'excommunier, à le déclarer hérétique et damné,*
« *et, s'il persiste, à le livrer, après l'avoir dégradé, au bras*
« *séculier.*

« Ensuite, notre cher fils en Jésus-Christ, Isaac, nonce
« de notre vénérable frère Élie, évêque des Maronites de
« Chypre, au nom et place de ce prélat, a exprimé avec
« beaucoup de révérence une profession de foi entièrement
« semblable en réprouvant l'hérésie de Macaire sur la vo-
« lonté unique du Christ.

« Rendant, à l'occasion de cette double profession de foi,

(1) Je laisse en caractère romain ce qui, dans cette profession, a trait
particulièrement à l'abjuration du nestorianisme.

« de ces réunions et du salut de tant d'âmes, d'immenses ac-
« tions de grâces à Dieu et à N.-S. Jésus-Christ qui, en notre
« temps, procure à la vraie foi de si grands accroissements et
« accorde tant de bienfaits aux peuples chrétiens, nous avons
« accepté et nous approuvons ces professions de foi, et nous
« recevons au sein de notre sainte mère l'Église ce métro-
« politain et cet évêque de Chypre, ainsi que ceux qui relè-
« vent d'eux. Et s'ils demeurent (jusqu'à leur mort) dans la-
« dite foi, obédience et dévotion, nous leur accordons
« les grâces et priviléges suivants : — Nous défendons que
« personne n'ose appeler hérétiques ledit métropolitain des
« Chaldéens et ledit évêque des Maronites, ni leur clergé, ni
« leurs fidèles en général, ou quelqu'un en particulier de ces
« clergés et de ces fidèles, ni qu'on se permette, en général,
« d'appeler les Chaldéens des Nestoriens, et s'il existe quel-
« que contempteur de cet ordre, nous ordonnons qu'il soit
« excommunié par son ordinaire aussi longtemps qu'il aura
« différé de faire une satisfaction convenable, et que le
« coupable soit puni de quelque peine temporelle au choix
« de l'ordinaire. — De même, nous ordonnons que ledit
« métropolitain et ledit évêque et leurs successeurs soient
« préférés dans tous les honneurs quelconques à tous évê-
« ques séparés de la communion de la sainte Église ro-
« maine. — De même, que lesdits prélats exercent en gé-
« néral le droit de censure sur leurs administrés et que
« ceux qu'ils auront régulièrement excommuniés ou absous,
« soient considérés par tous comme dûment excommuniés ou
« absous. — De même, que ce métropolitain et cet évêque,
« ainsi que leurs prêtres et clercs, puissent librement célé-
« brer les divins mystères dans les églises des autres catho-
« liques, et les autres catholiques dans leurs églises. — De
« même, que les évêques, clercs ou laïques, de l'un ou de
« l'autre sexe, qui auront accepté cette union et cette
« profession de foi, puissent choisir leur sépulture dans les
« églises catholiques, y contracter mariage (d'après le rite
« des catholiques latins), et enfin jouir de tous les béné-
« fices, immunités et libertés dont les autres catholiques, tant
« laïques que clercs, sont en possession et jouissance dans
« ledit royaume de Chypre, etc., etc. — Donné à Rome,

« auprès de Saint-Pierre, l'an 1445, de notre pontificat le
« quinzième (1). »

Comme Eugène IV le prescrit dans cette bulle, l'usage s'est
établi d'appeler spécialement *Chaldéens* les chrétiens qui ont
abjuré l'erreur de Nestorius (2).

Si l'on compare l'acte qui précède à l'acte d'union des
Grecs de 1439, on remarquera une différence en ce qui
concerne la procession du Saint-Esprit. Il y a, en effet, deux
manières de se mettre, à cet égard, en accord avec l'Église
romaine. Tantôt ceux qui se réunissent déclarent explicitement que le Saint-Esprit procède du Père et du Fils, comme
les Arméniens en 1440, les Jacobites en 1441 (3), les Nestoriens en 1445 et les Valaques en 1698; tantôt il y a seulement
explication, justification et tolérance mutuelle des anciens
usages, comme c'est le cas des Grecs en 1439 et des Ruthé-
niens en 1595.

(1) Raynaldus, ad 1445.

(2) Cette distinction est constatée par le protestant Southgate qui la critique : *Narrative of a tour through Armenia, Kurdistan, Persia, and Mesopotamia*. Londres, 1840, t. Ier, p. 291, et t. II, p. 178.

(3) Cette déclaration des Jacobites n'est pas explicite; elle résulte de ce
qu'on s'y réfère à l'acte d'union des Arméniens, où elle est exprimée formellement.

XVI

FONDATION D'UNE ÉGLISE CHALDÉENNE-UNIE.

Nous allons maintenant laisser la Méditerranée pour retourner sur les bords du Tigre, où le népotisme, dont nous avons déjà parlé, devait susciter une crise dans la succession catholicale. En 1551, à la mort de Siméon V, il ne restait de sa famille qu'un neveu à qui le siége catholical pût revenir en vertu du droit héréditaire, et qui fut, en effet, promu à la place de son oncle sous le nom de Siméon VI Bar-Mama. Mais alors une partie de la nation chaldéenne, supportant avec douleur que le premier siége de l'extrême Orient fût occupé héréditairement depuis près d'un siècle par la même famille, contrairement aux anciennes règles, se réunit dans une île du Tigre pour aviser aux moyens d'élire un autre catholicos conformément aux canons. Un grand nombre d'évêques et de clercs, assemblés à Mossoul, qui était alors, comme nous l'avons vu, la résidence du catholicat, élurent l'abbé de Rabban-Ormuz, Jean Sulaca, nommé aussi Siud ou Saïd. Cependant on ne pouvait pas procéder canoniquement à l'ordination parce que, parmi les trois évêques électeurs, il ne se trouvait pas de métropolitain. Les Chaldéens, fort embarrassés, se rappelèrent alors qu'il est écrit dans leurs livres que leurs catholicos étaient consacrés anciennement par un pontife siégeant à Antioche dans l'empire romain ou grec. Or, comme dans tout l'Orient le mot *Roum* veut dire Grec ou Romain, ils se persuadèrent ou du moins ils prétendirent qu'en faisant sacrer le nouvel élu à *Rome*, ils reviendraient à un ancien usage de leur nation. Jean Sulaca partit donc pour Rome, en passant par Jérusalem. Il fit une profession de foi correcte aux pieds du pape Jules III, qui lui donna la consécration. De retour dans son pays, il y fut reçu avec beaucoup d'honneur par les siens, pendant que Siméon VI Bar-Mama continuait à gouverner ceux qui étaient restés nestoriens (1). Avant d'introduire successivement le lecteur dans la double série résultant de cette bifurcation qui doit elle-même se subdiviser, je prends la liberté de réclamer toute son attention sur une succession assez compliquée et qu'il est indispensable de débrouiller.

Successeurs de Jean Sulaca résidant actuellement à Kot-channès. — En 1555, grâce aux machinations des Nestoriens, Jean Sulaca fut mis à mort par ordre du gouverneur musulman d'Amida, après qu'il eut ordonné un certain nombre d'évêques et de métropolitains unis, comme lui, à l'Église romaine. Ces évêques élevèrent au catholicat Abjésus ou Ébedjésus, qui, aussitôt nommé, partit pour Rome, reçut le pallium et assista, le 4 décembre 1563, à la vingt-cinquième et dernière session du concile de Trente. Son portrait est au palais du Vatican. Il revint dans son pays et fut remplacé, à sa mort, par Ahatalla ou Jaballaha, qui ne demanda pas sa confirmation au Saint-Siége. Peut-être n'en eut-il pas le temps, car il occupa peu de temps le catholicat. L'évêque de Gelu, qui, avec tout son diocèse, avait abandonné l'Église nestorienne pour passer à l'union, fut ensuite promu au catholicat sous le nom de Siméon VII. Il envoya par procuration sa profession de foi au pape Grégoire XIII, qui le confirma dans ses fonctions, et lui octroya le pallium en 1582, à la demande du cardinal protecteur de sa nation. Ce pallium fut envoyé d'Alep en 1585, par ce Léonard Abel, évêque de Sidon, que feu Grégoire XIII avait envoyé en mission auprès des Orientaux, à la suite du concile de Trente. Si-

---

(1) *Oriens christianus*, t. II, p. 1155 et 1156. Je ferai remarquer que Jean Sulaca, quoique ayant reçu le nom de Siméon, ne figure pas chez le P. Lequien dans la série des Siméon. — Consulter aussi *Histoire critique de la créance et des coutumes des nations du Levant*, ch. VII. Mais il faut se garder d'accepter sans critique toutes les appréciations de cet ouvrage.

méon VII transporta le siége du catholicat à Ourmiah (actuellement en Perse). Siméon VIII, en 1619, adressa sa
profession de foi à Rome, en annonçant lui-même l'intention de s'y rendre, mais il ne paraît pas qu'il y soit allé. Enfin,
en 1653, un autre Siméon, neuvième du nom, écrit de la
ville de Chosrova à Innocent X, une lettre dans laquelle
il appelle le souverain Pontife « père des pères, pasteur
des pasteurs, distributeur des couronnes, consécrateur des
pontifes, chef de toute la chrétienté, » et annonce à Sa Sainteté qu'il gouverne quarante mille familles qui ont reconnu
l'autorité du siége de Pierre et Paul (1). Ici s'arrête, dans le
P. Lequien et dans Assemani, la série des successeurs catholiques de Jean Sulaca, que je retrouve à la suite de la
grammaire publiée par le prêtre chaldéen Joseph Guriel.
Au Siméon IX du P. Lequien succède, en 1653, Siméon,
qui aurait été le dixième, selon le savant dominicain, lequel, comme nous l'avons indiqué plus haut dans une note,
ne compte pas dans cette série Siméon Jean Sulaca. Guriel
l'appelle Siméon XI, et nous ferons comme lui. Ce patriarche
siégea de 1653 à 1658, et, cette dernière année, il envoya sa
profession de foi au pape Alexandre VII. Je ne sais pas si Siméon XII (suivant Guriel), qui siégea jusqu'en 1675, est le
successeur immédiat de son onzième homonyme; mais la
supposition n'a rien d'improbable. Toujours est-il qu'en
1670, il envoyait sa profession de foi à Clément X. Dans sa
lettre, dont Guriel donne le texte avec la traduction latine,
le patriarche demande que les brefs de Sa Sainteté soient
en harmonie avec les canons synodaux, les ordinations et les
rites de l'Église chaldéenne : il exprime le désir que ces rites
soient maintenus dans toute leur intégrité primitive, sans ad-
dition, ni diminution ni changement, de peur qu'il n'en résulte de la confusion dans le corps du Christ. Les patriarches
qui vinrent après Siméon XII abandonnèrent l'union avec
Rome; je n'ai pu vérifier à quelle époque. L'un d'eux écrivit
en 1770 à Clément XIV, pour manifester son désir de s'unir.

(1) *Oriens christianus*, t. II, p. 1156-1162. — Guriel, p. 194. — *Rela-
tione di quanto ha trattato il vescoro di Sidonia, nella sua missione in
Oriente*. Manuscrit de la bibliothèque de Vienne, in-4º. Le P. Lequien me
paraît avoir eu connaissance de cette relation.

C'est à cette succession qu'appartiennent les patriarches nestoriens actuels qui portent tous le nom de Siméon ou, comme on dit dans le pays, Mar-Shimon. Je n'ai pas encore appris à quelle date ils transférèrent leur résidence d'Ourmiah à Kotchannès. Ce fut probablement à la suite des guerres qui éclatèrent à la fin du dix-septième siècle, entre la Turquie et la Perse.

Successeurs de Siméon VI Bar-Mama. — Si l'on s'en rapporte au témoignage d'Abjésus (1), Siméon VI, le rival de Jean Sulaca était peu estimable. On lui attribue d'avoir élevé deux enfants de lui à l'épiscopat, l'un à l'âge de douze ans, l'autre de quinze (2). Son successeur fut Élias V. C'est sous son pontificat que l'évêque de Sidon accomplit en Orient la mission que j'ai déjà mentionnée deux fois. Invité par Grégoire XIII à la communion romaine, Élias V envoya à Rome un moine porteur d'une profession de foi que Sixte V, successeur de Grégoire, rejeta comme entachée de nestorianisme. Il mourut en 1591, et eut pour successeur Élias VI. Celui-ci, en 1607, adressa des députés au pape Paul V, avec une profession qui ne fut pas trouvée contraire à la foi catholique. Le Pape lui envoya un morceau de la vraie croix, un évangéliaire en arabe, des vases sacrés et des vêtements pontificaux. Au retour de ses députés, Élias VI assembla un synode à Amida, qui fut tenu en présence et sous la direction de Thomas Obicini de Novarre, de l'ordre des Frères-Mineurs, venu exprès d'Alep, au milieu de l'hiver. Les Pères réunis y répudièrent tout ce qui était contraire à la foi catholique et apostolique, ainsi que la mémoire de Nestorius. Le 8 mars 1616, le synode d'Amida adressa son acte au pape Paul V. Élias VII envoya aussi, en 1657, sa profession de foi à la congrégation de la Propagande avec une lettre par laquelle il demandait que le rite chaldéen fût maintenu intact et que les Chaldéens eussent une église à Rome. Il mourut en 1660 (3). Ainsi, pendant 44 ans, il y eut en même temps deux

(1) Il s'agit ici du catholicos, successeur immédiat de Jean Sulaca.

(2) S'il est mort en 1551, ce n'est pas lui qui, comme l'indiquent l'évêque de Sidon et le P. Lequien, par ses machinations, aurait occasionné la mort de Jean Sulaca, en 1555.

(3) *Oriens christianus,* t. II, p. 1156-1158. — Guriel, p. 198.

catholicos unis avec Rome : d'une part, les Élias V, VI et VII, résidant auprès de Mossoul, et d'autre part, les Siméon VIII et IX, dont il a été question plus haut, qui avaient leur siége à Ourmiah ou dans les environs.

Mais les successeurs d'Élias VII ne furent pas unis, puisque c'est sous le pontificat d'Élias VIII (1660-1700) que le catholicat de Mossoul se bifurque une seconde fois, et que se fonde la série des catholicos catholiques de Diarbékir, dont il sera fait mention plus bas. Le P. Lequien indique Élias IX, qui gouverna de 1700 à 1722, et Élias X, qui occupait encore le siége en 1725. Cette série, au sujet de laquelle Guriel donne quelques indications différentes de celles de Lequien, s'est perpétuée jusqu'au commencement de notre siècle. Alors, outre le patriarche uni de Diarbékir, il y avait simultanément deux patriarches nestoriens : 1° les successeurs de Jean Sulaca, résidant à Kotchannès et portant tous le nom de Simon ; 2° les successeurs de Bar-Mama, portant tous le nom d'Élias, et résidant à Alkosch, près Mossoul. Le dernier de ces Élias mourut vers 1775 (?) Son neveu Mar-Hanna ou Jean, qui, d'après l'usage nestorien, devait lui succéder, s'était fait catholique. Ses prétentions à succéder de plein droit à son oncle furent condamnées en 1781, par la cour de Rome, qui le reconnut seulement comme métropolitain de Mossoul, et il ne devint patriarche véritablement qu'en 1830, comme nous le verrons bientôt (1).

Catholicos ou patriarches catholiques résidant d'abord à Diarbékir, et actuellement à Mossoul. — Pendant le pontificat nestorien d'Élias VIII, ceux des Chaldéens qui voulaient rester fidèles à la communion avec Rome, se séparèrent de ce catholicos. Le 20 mai 1681, Innocent XI établit comme patriarche des Chaldéens et gratifia du pallium Joseph, qui, titulaire du siége de Bagdad (Al-Modaïn, Seleucie-Ctésiphon) et nominativement de Babylone, résida, ainsi que ses premiers successeurs, à Amida, aujourd'hui Diarbékir. Joseph Ier abdiqua en 1695, et alla mourir à Rome. Joseph II, son successeur, fut confirmé par Innocent XII, et mourut à Diarbékir en 1713. Joseph III reçut la confirmation et le

(1) Southgate, t. II, p. 181, 223 et suivantes. Le récit de cet auteur est écrit d'un point de vue très-hostile au catholicisme.

pallium de Clément XI. Il gouvernait encore les Chaldéen
en 1718 (1).

A cette date s'arrête le récit du P. Lequien. Suivant Guriel, ce Joseph, qu'il appelle le quatrième, siégea jusqu'en
1759. C'est en 1750, sous son pontificat, que Benoît XIV
confia aux Dominicains la mission de Mossoul, qui avait été
fondée par les Capucins. Joseph V siégea jusqu'en 1781, et
fut remplacé par Joseph VI, qui mourut en 1826. Diarbékir
cessa alors d'être le siége du patriarchat chaldéen, auquel
fut promu après quelques années le dernier successeur des
Élias, le Mar-Hanna, métropolitain de Mossoul, dont il a
été parlé plus haut. Par un décret du mois de mars 1827, la
Congrégation de la Propagande déclara que c'était par erreur et à tort que l'on avait gardé deux patriarchats, un à Diarbékir et l'autre à Mossoul, et qu'il n'y aurait désormais qu'un
seul patriarchat de Babylonie ou de Mossoul. Léon XII confirma ce décret, et Pie VIII le mit à exécution en préconisant
Mar-Hanna le 5 juillet 1830. Ce nouveau patriarche, le
Jean VIII de la série de Guriel, résida à Bagdad. A sa mort,
arrivée en 1838, il fut remplacé par Nicolas Isaïe de Jac-
coubbe, élève du collége de la Propagande de Rome, qui
résida d'abord à Chosrova, dont il était déjà évêque. Il
donna sa démission en 1847, et fut remplacé par Joseph
Audo, préconisé le 11 septembre 1848, qui occupe le siége
actuellement et réside à Mossoul.

Ainsi, deux séries de catholicos catholiques s'étaient re-
plongées dans le schisme, et ce n'est que la troisième qui a
réussi à se perpétuer. Assemani, aussi célèbre par sa connaissance des choses de l'Orient que recommandable par son
dévouement au Saint-Siége, et qui écrivait au XVIII⁰ siècle,
donne de cette circonstance une explication que je dois rapporter ici, bien qu'elle n'ait heureusement qu'un intérêt ré-
trospectif. « Mais pourquoi, dit-il, l'union consommée
« sous Grégoire XIII et sous Paul V n'a-t-elle pas duré ?
« Pourquoi les successeurs d'Élias et de Siméon ne l'obser-

(1) *Oriens christianus*, t. II, p. 1158 et 1162 ; — *Lettres édifiantes*, t. I,
p. 124, édit. Desrez. Je vois dans ce recueil l'indication d'un métropolitain
catholique placé à Diarbékir ; malheureusement, cette mention se trouve dans
une lettre qui n'est pas datée.

« vent-ils plus, tandis qu'elle persévère chez les successeurs
« du patriarche Joseph ? Cela doit être attribué, à mon avis,
« aux quatre causes que voici : 1° parce que les livres liturgi-
« ques des Nestoriens ne furent pas, après ces unions, purgés
« des nombreuses erreurs qu'ils contiennent ; 2° parce que
« les livres de théologie dont leur clergé se sert ont été écrits
« par des auteurs nestoriens, et qu'il n'en existe pas d'autres
« qu'ils puissent lire pour leur servir d'antidote ; 3° parce
« que le commerce de lettres et l'échange de légations
« entre eux et le Saint-Siége a cessé ; 4° enfin, parce que
« les missionnaires qui sont envoyés chez les Nestoriens,
« ignorent le plus souvent leur langue et leur rite et ne
« pénètrent presque pas dans les régions où demeurent
« leurs patriarches, d'où il résulte qu'ils ont affaire avec le
« peuple et non avec les patriarches et évêques, et que,
« non contents d'enseigner la foi, ils soulèvent, à propos
« du rite, des questions inutiles qui apportent plutôt la
« perturbation que la conciliation parmi ces hommes atta-
« chés à leurs coutumes avec beaucoup de ténacité (1). »

(1) *Bibliotheca orientalis*, t. III, pars 2, ch. VIII, p. 412 et 413.

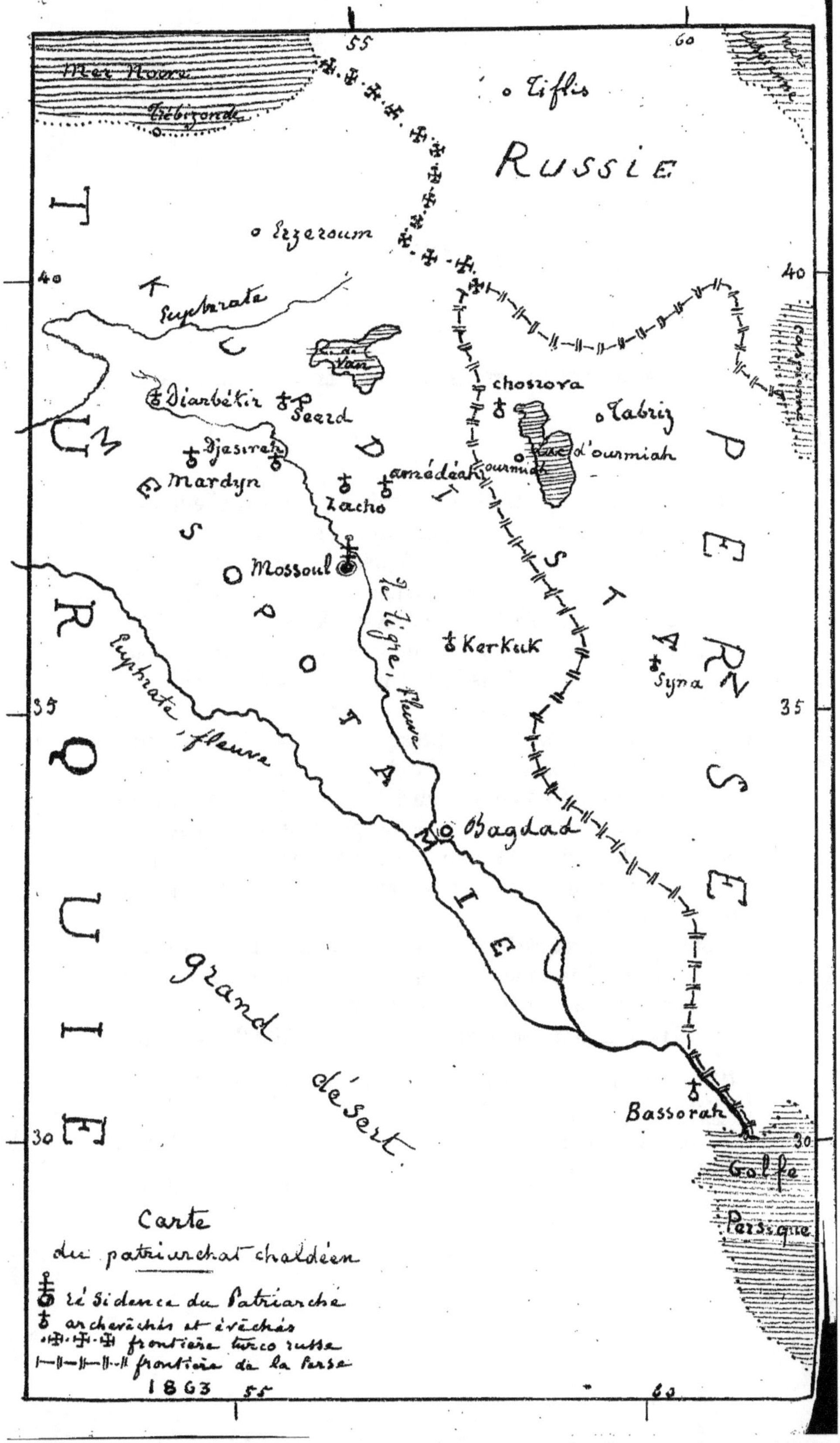

Mer Noire

Trébizonde

RUSSIE

o Tiflis

o Erzeroum

Euphrate

Van

choszova

o Tabriz

lac d'ourmiah

Diarbékir   Seerd

Djesireh

Mardyn

amédéah   ourmiah

Zacho

Mossoul

le Tigre fleuve

Kerkuk

Syna

PERSE

Euphrate fleuve

MÉSOPOTAMIE

grand désert

Bagdad

Bassorah

Golfe Persique

TURQUIE

Carte
du patriarchat chaldéen

✠ résidence du Patriarche
✝ archevêchés et évêchés
✠✠✠ frontière turco russe
‖‖‖ frontière de la Perse

1863

XVII

ORGANISATION ET STATISTIQUE DES CHALDÉENS-UNIS.

Le patriarche des Chaldéens-unis réside actuellement à Mossoul. (Voir le croquis ci-contre.) Il a sous ses ordres l'archevêque de Diarbékir et les évêques de Mardyn et de Djeziré en Mésopotamie ; l'archevêque d'Amédeah et les évêques de Seerd, de Zacho et de Kerkuk dans le Curdistan turc ; l'archevêque de Chosrova en Perse, dans l'Azerbeidjan, et l'évêque de Syna dans le Curdistan persan. Le siége de Bassora, dans l'Irak arabe, possède un titulaire pour la forme, car son troupeau est presque nul. Le siége d'Acra, dans le Curdistan turc, demeure depuis longtemps sans titulaire et est annexé en fait à celui d'Amédeah (1). Comme chez les Melchites, le nombre des évêchés paraît trop considérable pour celui des fidèles et pour leurs ressources, qui ne permettent pas d'entretenir convenablement un aussi grand nombre de prélats.

Pour faire connaître l'état actuel de l'Église chaldéenne, je ne puis mieux faire que de reproduire ici une lettre écrite en 1853 par le patriarche Joseph Audo (2).

« Le patriarchat chaldéen peut compter 30,000 âmes (3),

(1) Ne pas confondre, comme on l'a fait quelquefois, cet Amédéah, 1º avec Amida, ancien nom de Diarbekir, 2º avec Médéah, village de la Mésopotamie, entre Mardyn et Nisibe.

(2) *Annales de la Société orientale pour l'union de tous les chrétiens d'Orient.* Paris, 1853.

(3) D'après une indication qui m'a été adressée par un Père dominicain ;

« réparties en huit évêchés. Cette nation naissante s'est for-
« mée des Nestoriens revenus à la foi vers la fin du dernier
« siècle, et tous les ans elle prend de nouveaux accroisse-
« ments, qui seraient bien plus sensibles si nous n'avions pas
« à combattre l'opposition des méthodistes, qui, grâce aux
« énormes subventions que leur fournit la Société biblique,
« paralysent en partie nos efforts.

« Cette nation chaldéenne, sortie de l'hérésie, a besoin
« d'être organisée, ramenée à la règle des canons de l'Église
« catholique, et c'est pour cela que nous devons nous réunir
« en concile national après les fêtes de Pâques. Nous sommes
« de tous côtés environnés de ruines. Nos églises sont la
« plupart des édifices de l'ancien nestorianisme; nous avons
« commencé à bâtir ou à réparer, mais il nous reste beaucoup
« à faire. Nous sommes sans imprimerie, et par conséquent
« sans livres. Notre langue liturgique est la chaldéenne.
« Nos livres d'église sont écrits à la main. Notre liturgie a
« besoin d'être examinée de nouveau et corrigée, et il faudra
« nous condamner à faire de nouvelles copies.

« Vous nous interrogez sur la science de notre clergé ;
« sans livres et sans séminaires, que voulez-vous qu'il
« soit? Dernièrement nous avons commencé la construction
« d'un séminaire ; il nous faudrait 5 à 6,000 francs pour le
« terminer. Nous avons construit une assez belle église à
« Mossoul, résidence ordinaire du patriarche; elle nous a
« laissé 3,000 fr. de dettes. Pour les ornements d'église, linge
« d'autel, vases sacrés , nous sommes dans une grande pé-
« nurie. Notre nouveau prodélégué fait ce qu'il peut pour
« nous aider ; mais avec la petite allocation que lui envoie
« l'Œuvre de Lyon , il ne peut aller que lentement. Il faut
« qu'il soutienne les pauvres prêtres et les évêques dans
« leurs besoins , nous aide à la construction de nos églises,
« nous fournisse des objets nécessaires à la décence du
« culte, accorde des subsides particuliers aux prêtres et aux
« évêques qui quittent l'hérésie, etc. Tout cela demande des

il y aurait aujourd'hui 50,000 Chaldéens-unis. Je reçois de la légation de
France à Téhéran une note portant que, dans la Perse seulement, il y a
690 familles de Chaldéens-unis, ainsi réparties : district d'Ourmiah, 340;
— district de Selmas, 300 ; — Curdistan persan, 50. Le nombre des églises
en Perse est de 13.

« sommes bien plus considérables que celles qu'il a entre les
« mains.

« Nous n'avons qu'un ordre religieux, qui suit la règle de
« saint Antoine, et cet ordre ne possède qu'un seul cou-
« vent (1).

« Dans les grandes villes nous avons des écoles ; mais la
« plupart des villages n'en ont point, faute de pouvoir payer
« un maître ; dans ces écoles on apprend à lire, à écrire et le
« cathéchisme.

« En organisant notre nation et en mettant plus de décence,
« plus de splendeur dans le culte, nous espérons pouvoir
« plus facilement ramener les Nestoriens. Ces hérétiques
« sont en grand nombre ; ils peuvent former environ 200,000
« âmes. Leur ignorance est extrême, et leur clergé, dans la
« plus basse position possible.

Le synode dont il est question dans cette lettre eut lieu en
1853, au couvent de Rabban-Ormuz. Mais jusqu'à présent la
cour de Rome a refusé de le sanctionner, parce qu'il contient des dispositions contraires aux antiques traditions et
usages de la chrétienté chaldéenne. Accusera-t-on encore
Pie IX de chercher à latiniser les Orientaux ?

L'on peut voir, dans le travail que nous avons consacré aux
Melchites, que tous les catholiques orientaux sujets du Sultan
ont été, par la protection de la France, émancipés en 1830
de la tutelle civile des patriarchats grec et arménien, et placés
sous la juridiction du patriarche civil des Arméniens catholiques.

J'y ai rappelé aussi les démêlés qui s'élevèrent alors entre les Arméniens et leurs clients catholiques, qui, pendant
quelque temps, voulurent dépendre de la chancellerie des
rayas latins. En 1844, les patriarches syrien et chaldéen
avaient dû se rendre à Constantinople pour demander quelques bérats relatifs à leurs diocèses. A cette occasion, des
pourparlers eurent lieu dans le palais de France, et l'on y
décida en principe la rentrée dans le giron d'un patriarchat
unique dirigé par les Arméniens. Il s'ensuivit un concordat

(1) C'est le couvent de Rabban-Ormuz, dont M. Boré a écrit l'histoire
dans : *De la vie religieuse chez les Chaldéens.*

que le patriarche chaldéen signa le premier, le 21 octobre 1844. Le patriarche syrien y adhéra au mois de mai 1845.

L'un des originaux est écrit en arménien et l'autre en italien. Ce document n'a pas encore été publié, que je sache. En voici la traduction (1) :

Convention entre la nation arménienne catholique et la nation chaldéenne catholique pour régler plus explicitement l'union civile et administrative entre les deux nations, conformément au Bérat accordé par la Sublime-Porte au patriarche arménien catholique, chef civil de cette nation.

ART. 1er.

Le patriarchat arménien catholique s'empressera de s'employer dans le but d'obtenir pour monseigneur le patriarche de la nation chaldéenne, par diplôme de la Sublime-Porte, la dignité, l'autorité et les priviléges dont jouissent les patriarches des autres nations d'un rang inférieur.

ART. 2.

Chacune des parties contractantes ayant son rite propre et sa propre juridiction distincte, et réciproquement indépendante, la présente convention ne regarde que les affaires temporelles. C'est pourquoi le patriarche arménien catholique se charge seulement, sous ce rapport, de présenter à la Porte et de traiter toutes les affaires concernant la nation chaldéenne, sujette de l'empire ottoman. Dans les Takirs (notes) qu'il présentera, il sera toujours fait mention de la proposition préalable du patriarche chaldéen.

ART. 3.

Ceux des Chaldéens qui habitent Constantinople ou qui y viendront par la suite, seront toujours inscrits au patriarchat arménien catholique, et leurs rapports avec la Sublime-Porte n'auront lieu que par son entremise. Toutefois, s'ils ont des affaires ou des procès entre eux, ils pourront se faire juger au patriarchat sus-mentionné par l'agent de leur nation (voir l'article ci-dessous), ou par quelque tribunal qu'ils jugeront convenable.

(1) Archives des Affaires étrangères; correspondance de Turquie, vol. 292.

Art. 4.

Monseigneur le patriarche chaldéen aura auprès du patriarchat arménien catholique, un agent choisi à son gré, au moyen duquel les affaires concernant la nation chaldéenne pourront être traitées tant auprès du patriarchat arménien catholique qu'auprès de monseigneur le patriarche chaldéen.

Art. 5.

Le chef civil ou patriarche des Arméniens catholiques ne pourra procéder auprès de la Porte aux actes de promotion ou de déposition des *Murakhas* (vicaires) et autres employés quelconques dépendant de monseigneur le patriarche chaldéen, qu'avec l'assentiment et le concours préalable de ce patriarche. Dans le cas où, par l'ordre immédiat de la Porte, la déposition de quelque employé deviendrait nécessaire, le patriarchat arménien catholique procédera à l'exécution, mais aura soin d'en informer aussi monseigneur le patriarche chaldéen, et celui qui aura été déposé de cette manière se comportera en toute occasion comme sa position le lui indique.

Art. 6.

L'agent sus-mentioné du patriarche chaldéen remboursera au patriarchat arménien catholique les frais occasionnés par l'obtention des firmans ou par les affaires concernant la nation chaldéenne, dès que ces frais seront portés à sa connaissance.

Art. 7.

Monseigneur le patriarche chaldéen, eu égard à l'état et à la condition de sa nation, offrira annuellement, par l'entremise de son agent, un subside nécessaire au maintien du patriarchat arménien catholique.

Le présent acte est conclu avec la pleine et entière approbation de Mgr Charles Esayan, chef civil soit patriarche de la nation arménienne catholique, et de Mgr Nicolas Isaïe de Jacoubbe, patriarche de la nation chaldéenne catholique, ainsi que des administrateurs et primats de ladite nation arménienne, réunis en assemblée solennelle, le 28 septembre 1844, au patriarchat arménien catholique à Galata de Constantinople. Afin de pouvoir présenter à la postérité un authentique et formel document de publique et constante mémoire, double copie en a été souscrite et scellée par les deux parties; l'une sera déposée aux archives du patriarchat arménien catholique et l'autre remise à monseigneur le patriarche de la nation chaldéenne.

Fait au patriarchat arménien catholique. Galata de Constantinople, le 21 octobre 1844.

XVIII

Les Dominicains ont repris en 1845 leur antique mission de la Mésopotamie, dont nous avons souvent parlé, qui avait été momentanément interrompue depuis 1816.

Tout en n'imitant pas la *prudence* des Américains à l'endroit du dogme, ces missionnaires catholiques s'appliquent, dans la mesure de leurs ressources infiniment plus restreintes, à éclairer et à civiliser les Chaldéens.

Voici ce que je lis à ce sujet dans le XIXe *Bulletin de l'Œuvre des Écoles d'Orient* (1863), à propos d'une imprimerie chaldéenne récemment organisée par les Dominicains à Mossoul : « Nous avons sous les yeux l'un des premiers « ouvrages sortis de cette imprimerie. C'est un abrégé de « géographie à l'usage des commençants, de 180 pages, « dont les caractères se font remarquer par une grande net- « teté. Nous n'hésitons pas à dire que, dans aucune école « primaire de France, on ne trouverait un livre élémentaire « imprimé avec plus de soin, de relief et de pureté typo- « graphique. »

Dans le XVIe *Bulletin* de la même publication, l'on voit qu'en 1862 les Dominicains dirigeaient à Mossoul trois écoles de garçons fréquentées par quatre cents élèves, et deux écoles suivies par trois cents filles. La même mission a fondé

des écoles à Kerkuk, à Mar-Jacoub et dans dix autres localités de la Mésopotamie et du Curdistan.

L'union eut pour premier apôtre dans l'Azerbeidjan, il y a
environ un siècle, un jeune teinturier converti à Diarbékir
par les Dominicains. L'évêque nestorien de Chosrova, Mar-
Isaïe, se fit catholique environ vingt ans après. Il eut pour
successeur Jean Guriel, élève de la Propagande, qui admi-
nistra ce diocèse jusqu'en 1833.

La communion naissante fut persécutée, non par les Per-
sans, qui sont les plus tolérants des Orientaux et admettent
les chrétiens aux premières dignités, mais par les évêques
et maires nestoriens, jusqu'à l'arrivée d'un jeune savant français chargé d'une mission de l'Institut. Eugène Boré, qui
devait bientôt entrer dans la congrégation de Saint-Lazare,
s'était fait lui-même maître d'école dans l'Azerbeidjan, en
1839. A sa demande, l'oncle du roi, gouverneur de la province, affranchit les catholiques d'une situation analogue à
celle où se trouvaient en Turquie les Melchites et les Arméniens catholiques avant 1830. Cette émancipation fut con-
firmée par un édit royal rendu en 1840, à la requête du
comte de Sercey, ambassadeur de France, et, la même
année, la congrégation de Saint-Lazare vint établir une mission dans l'Azerbeidjan (1).

Les Lazaristes de la Perse ont, dans la province de Selmas,
des écoles à Chosrova, à Patavour, à Gulizan, à Eula, à Zé-
vadgik et à Djarah. Ces établissements sont fréquentés par
trois ou quatre cents garçons. Les Sœurs de la charité tiennent des écoles pour les filles dans les principales de ces
localités. Les informations qui précèdent sont tirées du
XIXe *Bulletin de l'Œuvre des Écoles d'Orient*.

Pendant que les Russes détruisent le rite chaldéen et que
les Américains veulent ravir aux Nestoriens la consolation de
pratiquer les jeûnes qu'ont observés leurs pères, voyons ce
que font les missionnaires catholiques. « Vous savez, écrivait
« M. Darnis en juin 1842, que nous avions jugé à propos de
« nous conformer aux usages du pays pour le nombre des ca-
« rêmes et des autres jeûnes, beaucoup plus fréquents ici qu'en

(1) *Correspondance et mémoires d'un voyageur en Orient*, par Eugène
Boré, Paris, 1840, t. II, p. 256 à 459. — Guriel, p. 208.

« Occident. Nous avions cependant conservé les coutumes
« d'Europe pour les mets autorisés ces jours-là. Mais voyant
« que cela malédifiait nos Chaldéens même catholiques,
« nous nous sommes mis à nous priver, tous les jours de jeûne
« et d'abstinence, de beurre et de laitage. Ainsi, nous voilà
« réduits pour ces jours-là à des haricots ou autres légumes
  cuits simplement à l'eau et assaisonnés avec du vinaigre et
« à quelques fruits. Saint François Xavier se soumit aux
« jeûnes rigoureux des bonzes du Japon pour ne pas scanda-
« liser les païens; nous avons cru devoir suivre son exemple
« pour le même motif (1). »

(1) *Annales de la congrégation de la mission*, t. IX, p. 238. — Sur ce
sujet, voir l'histoire du célèbre missionnaire Robert de Nobili, dans l'ouvrage déjà cité du P. Bertrand, et les *Lettres édifiantes et curieuses*. Paris,
Desrez, 1838, t. Ier, p. 127.

XIX

Je ne terminerai pas cet exposé sans essayer d'en tirer un enseignement au point de vue des rapports des Églises orientales avec Rome.

En laissant de côté la question de dogme, qui est en dehors et au-dessus de toute discussion, les rapports dont il s'agit sont de deux sortes : ou ils concernent la hiérarchie, ou ils concernent les rites.

Parlons d'abord de la hiérarchie. Le partage de la chrétienté en un certain nombre de patriarchats, métropolies et évêchés n'a rien d'immuable de sa nature : il est subordonné à des circonstances extérieures essentiellement variables. L'organisation de la hiérarchie ecclésiastique n'est pas une question sur laquelle l'Église puisse, à un moment donné, prendre une décision de principe, devant laquelle les fidèles n'auraient plus que le devoir de la soumission à perpétuité.

Comme les circonstances extérieures varient à l'infini, l'on comprend aussi que les questions d'organisation hiérarchique restent, jusqu'à un certain point, dans le domaine de la libre appréciation. Cependant, tout en respectant la liberté d'appréciation là où elle paraît légitime, je tiens à indiquer ici que l'on en a souvent usé indiscrètement et mal à propos pour blâmer certains actes de la cour de Rome.

Ainsi, l'historien du roi de Prusse, Lacroze, se scandalise fort de ce que, pendant la domination portugaise, le Saint-Siége ait pourvu directement à l'organisation religieuse des Chaldéens malabares, alors qu'il existait à Mossoul des patriarches unis du même rite. Ce fut pourtant un acte de haute prudence que les événements ont pleinement justifié. En effet, depuis 1599, les Malabares ont persévéré dans l'union, tandis que les catholicos de Mossoul, successeurs de Sulaca, qui étaient alors unis, n'ont pas tardé, comme nous l'avons vu, à retomber dans l'hérésie où ils auraient infailliblement entraîné le Malabar, si l'Église de ce pays avait relevé de celle de Mossoul. Ce qui s'est passé alors et l'état actuel de l'Église chaldéenne expliquent aussi pourquoi la Congrégation de la Propagande, en 1861, a ajourné la réunion de cette Église au patriarchat chaldéen-uni de Mossoul, tout en reconnaissant en principe ce qu'il peut y avoir de légitime dans la réclamation de Mgr Joseph Audo.

On ne peut pas, du reste, accuser le Saint-Siége de s'être montré avare sous ce rapport à l'égard des communions orientales revenant à l'union. Il n'y a guère plus d'un siècle que ces unions se sont consolidées. Cependant les Syriens, les Melchites et les Chaldéens ont des patriarches de leurs races et de leurs rites élus par eux-mêmes. Les Arméniens ont, dans les mêmes conditions, un patriarche au Liban, et un archevêque primat à Constantinople. Les Bulgares avaient à peine manifesté le désir de s'unir qu'ils étaient pourvus d'un chef de leur race et de leur rite, et il faut avouer que, dans ce dernier cas, l'on ne pourrait accuser la cour de Rome que d'avoir condescendu trop tôt au désir des nouveaux uniates. Voilà ce que nous avions à dire de la hiérarchie.

La question de la légitimité des rites orientaux apparaît dans des conditions différentes. C'est une affaire de principe. En effet, ou la différence des rites est légitime ou elle ne l'est pas. L'Église avait à se prononcer dans un sens ou dans l'autre. Eh bien! cette question de doctrine, l'Église l'a tranchée de la manière la plus nette et la plus irrévocable dans le sens de la légitimité, depuis saint Grégoire le Grand jusqu'à Pie IX. L'Église a décidé, non-seulement que les rites orientaux sont légitimes, mais qu'il n'est permis à personne, quel que soit son rang dans la hiérarchie, d'y porter la moindre atteinte.

Les fidèles ne sont donc pas libres de penser ou d'agir à leur façon sur cette question. *Roma locuta est.* Il n'y a plus qu'à se soumettre, et à se soumettre complétement. On ne doit changer ni beaucoup ni un peu les rites approuvés : on n'y doit pas toucher du tout. Personne ne saurait y rien ajouter ni en rien retrancher sans désobéir à Pie IX et à ses prédécesseurs.

FIN.

TABLE

—

PREMIÈRE PARTIE. — LES NESTORIENS.

DEUXIÈME PARTIE. — LES CHALDÉENS-UNIS.

Paris. — Imprimerie Divry et Cᵉ, rue Noire-Dame des Champs, 49.